商务知识并不难系列

图解统计学

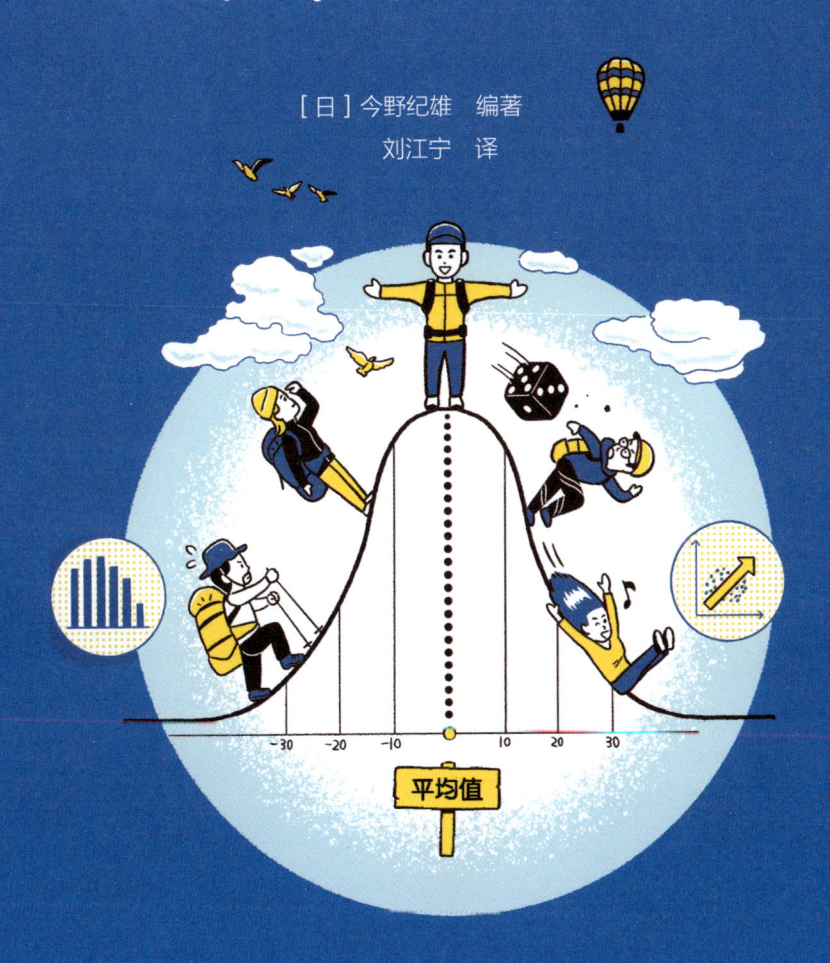

［日］今野纪雄 编著

刘江宁 译

中国科学技术出版社
·北京·

前　言

统计学是一门与概率学互为表里的学问

日本将棋[①]棋手藤井聪太（18岁）在第61届王位战第七轮比赛第四局中，战胜拥有王位头衔的木村一基（47岁），以四连胜的战绩夺得了冠军头衔，成为史上最年轻的双冠王称号获得者。时至今日，这依然令人记忆犹新。

在课堂上经常有学生会询问概率学和统计学之间的区别。关于这个问题，我想以"七局定胜负"为例来进行简单的说明。

所谓"七局定胜负"是指先取得四胜的一方即宣告胜出。在此，我们假设藤井棋圣和木村王位的实力相当。换言之，藤井棋圣的获胜概率和失败概率均为0.5。由此可以计算出藤井棋圣在"七局定胜负"中获胜的概率如下：

四胜零负的概率 $0.0625 = \dfrac{2}{32}$；

四胜一负的概率 $0.125 = \dfrac{4}{32}$；

四胜两负的概率 $0.15625 = \dfrac{5}{32}$；

四胜三负的概率 $0.15625 = \dfrac{5}{32}$。

有趣的是，在双方实力相当的情况下，四胜三负的概率并非最大概率且与四胜两负的概率相同。另外，可能有人还会注意到这四种概率的

[①] 将棋源自日本，是象棋类游戏的一种。——编者注

总和不是1而是0.5。这是因为还存在藤井棋圣失败的概率，其计算结果如下：

三胜四负的概率 $0.156\,25 = \dfrac{5}{32}$；

两胜四负的概率 $0.156\,25 = \dfrac{5}{32}$；

一胜四负的概率 $0.125 = \dfrac{4}{32}$；

零胜四负的概率 $0.062\,5 = \dfrac{2}{32}$。

这四种概率的总和也是0.5，两者相加就是1。

像这种假设藤井棋圣获胜的概率为0.5并按照概率规则计算四胜零负概率的学问就被称为"概率学"。

与此不同，统计学是一门研究问题的学问。例如，即便藤井棋圣以四胜零负的成绩战胜了木村王位，那么是否就可以确定藤井棋圣获胜的概率为0.5呢？

综上所述，概率学和统计学这两门学问乍一看很相似，但两者对发生事件的处理方法是不同的。在上述事例中，我们在讨论藤井棋圣获胜的概率是否为0.5的时候就会用到概率计算结果，因此概率学可以称得上是统计学的基础。

综上所述，概率学与统计学是互为表里的关系。如果读者在阅读本书时能够意识到这一点，那么就必然可以加深对概率的理解。

要点概述

不擅长的人也不要逃避！
比较费解的
数学字母和符号

不擅长数学的人一般只要看到数学公式上的字母和符号就会想要逃避。使用这些字母和符号的目的原本是将公式更浅显易懂地表达出来，因此初学者只要把握了其基本含义就能够加深对统计学的理解。

只是在数字后面加以简单标注

$X_1, X_2, X_3, X_4, \cdots, X_8$

这只是在多个数字（数据等）后面做了简单的标记。字母后面的数字是指数据的编号。这种方式主要用于概括数学理论等（制定公式）。

A组	身高(CM)		A组	身高(CM)	
正男	152	X_1	佑惠		X_4
义夫	158	X_2	⋮	⋮	⋮
卡娜	143	X_3	A组的XXX		X_n

对所有的数据进行加和

Σ（西格玛）

主要用于计算所有数据的加和。其基本计算方式是以Σ下方的数字作为起点，上方的数字作为终点并将该区间的所有数字套用至右边的公式之中。如果Σ的上下都没有数字，那么就只需将所有的数字进行加法计算。

$$\sum_{i=1}^{5} i = 1+2+3+4+5 = 15$$

$$\Sigma(x_i - \bar{x})(y_i - \bar{y})$$
$$= (x_1 - \bar{x})(y_1 - \bar{y}) +$$
$$(x_2 - \bar{x})(y_2 - \bar{y}) +$$
$$(x_3 - \bar{x})(y_3 - \bar{y}) + \cdots$$

因为以"0"为起点计算距离,所以不存在负值

|n|（绝对值）

正数不变,负数则需要去掉负号。**绝对值主要表示与零的"距离",因此不会存在负值。** 例如,|n|<5表示与0的距离小于5,因此同样适用于负数。换言之,该区间范围为-5<n<5。

$$|n| = |-n| = \begin{cases} n & (n \geq 0) \\ -n & (n < 0) \end{cases}$$

$$|5| = |-5| = 5$$

$$|n| < 5 \Leftrightarrow -5 < n < 5$$

只要记住√4 = 2就永远不会忘记

√n（平方根）

如想结果为整数,√中应当填入（某个数的）平方。只要我们时刻牢记√4 = 2,就不会忘记这一点。

$$\sqrt{n^2} = n \quad (n \geq 0)$$

$$\sqrt{4} = 2$$

$$\sqrt{2} = 1.4\,142\cdots$$

本书中频繁出现及难读的字母和符号

$\bar{x}$（平均数）

符号上方标注横线,就读作"……bar"。$\bar{x}$表示数据的平均值。

e

指数学中的常数,又被称为"纳皮尔数"。它同数值"π"一样,都是无限延续下去的。比如,2.718 281 828 4…

σ（西格玛）

它是上一页中出现的Σ这一希腊文字的小写字母。其具体内涵会根据领域的不同而发生变化,但在统计学中主要表示标准偏差。

m

源自英文单词"mean",是平均值之意。在统计学中,它表示某个样本的平均值而非整体的平均值。

π（派）

著名的圆周率。表示直径1cm圆的周长。虽然其会无限延伸,但本质是数字。

P

它在统计学中表示"概率"。另外,统计学中也存在一个特殊的"P值",只是未在本书中出现。

※本书图表使用的是粗略数据,并非那么精确。
※在概率计算中,10^{-3}以下的数值均视为0。

目　录

第一章

统计学超基础入门知识

9 …………… **专栏1** 可应用于诸多领域的统计学

12 …………… **1** 像电影《黑客帝国》一样看世界？！
　　　　　　控制世界的数值就是数据

16 …………… **2** 简直就像冲洗照片一样！
　　　　　　如果能够将数据巧妙地制作成图表，就会有所收获？！

20 …………… **3** 平均情况出乎意料？！
　　　　　　要想掌握数据的特征，就必须了解除平均值以外的代表值

26 …………… **4** 与代表值相似的数据特征！许多人都不了解的"方差"
　　　　　　和"标准差"只是数据偏差的体现而已

32 …………… **5** 对于统计而言必不可少的是……
　　　　　　从术语角度看，概率论似乎很难理解，但如果认真分析
　　　　　　也能够牢牢把握

38 …………… **6** 从概率回归到统计　联结概率和统计的两大关键词——
　　　　　　"随机变量"和"概率分布"

第二章

统计学的分析思路

45………… **专栏2** 与人类的直觉相悖？！不可思议的概率世界

48………… **1** 被称为"统计学之王"的正态分布提供俯瞰全局的视角

54………… 1.1 正态分布与教育
　　　　　偏差值表示自己在整体中的位置

58………… 1.2 正态分布与金融
　　　　　信用卡公司的信用卡额度会运用正态分布模型

60………… **2** 现实中常见的二项分布被称为"统计学王子"

64 ………… 二项分布与制造
　　　　　制造业和服务业保持高品质的秘诀是六西格玛

66………… **3** 估计是一种从部分看整体、从现在到未来的超能力

72………… 二项分布与政治
　　　　　新闻中听到的政府支持率的变动在统计学上
　　　　　不会呈现出变化？！

76⋯⋯⋯⋯**4** 通过统计来支持判断的方式即为<u>检验</u>

82⋯⋯⋯⋯二项分布与<u>医疗</u>
非常重要的新药临床试验，认真探究<u>药品是真的有效</u>还是只是<u>偶然有效</u>

86⋯⋯⋯⋯**5** <u>相关</u>是找出事物之间联系的名侦探

92⋯⋯⋯⋯5.1 相关分析与<u>不动产</u>
"面积""房龄""与车站的距离"
中对房租影响最大的是⋯⋯（不具有普遍性）

96⋯⋯⋯⋯5.2 相关分析与<u>制造</u>
只要把握若干要素就能够预测<u>葡萄酒的价格</u>！

第三章

尝试实际应用统计学知识

101 ……… **专栏3** 数据不充分或主观判断都可以？！
不可思议的贝叶斯统计学

104 ……… **1** 汇总数据并制作图表
分析的第一步是将数据汇总制成图表

108 ……… **2** 确认数据的分布
有没有接近正态分布的情况？！通过数据制作直方图来实现

112 ……… **3** 分析正态分布
对接近正态分布的数据进行细致观察

114 ……… **4** 相关系数和散点图
揭示令人惊讶的巨大发现！分析数据之间的相关性

第四章

尖端的信息技术和统计学

119 ……… **专栏4** 可以改变信息技术未来的量子计算机

122 ……… **1** 统计学已经成为必备素养？！尖端的信息技术与统计学密不可分

126 ……… **2** 统计学的看点！为大数据分析提供有力工具的统计方法

130 ……… **3** 近年来备受关注！人工智能与统计学的微妙关系

136 ……… **4** 未来的统计学与其他领域的融合将成为重要趋势！

140 ……… **专栏5** 统计学的发展历程和细致分类

144 ……… 正态分布图

146 ……… 后记

在实现**数据化**的

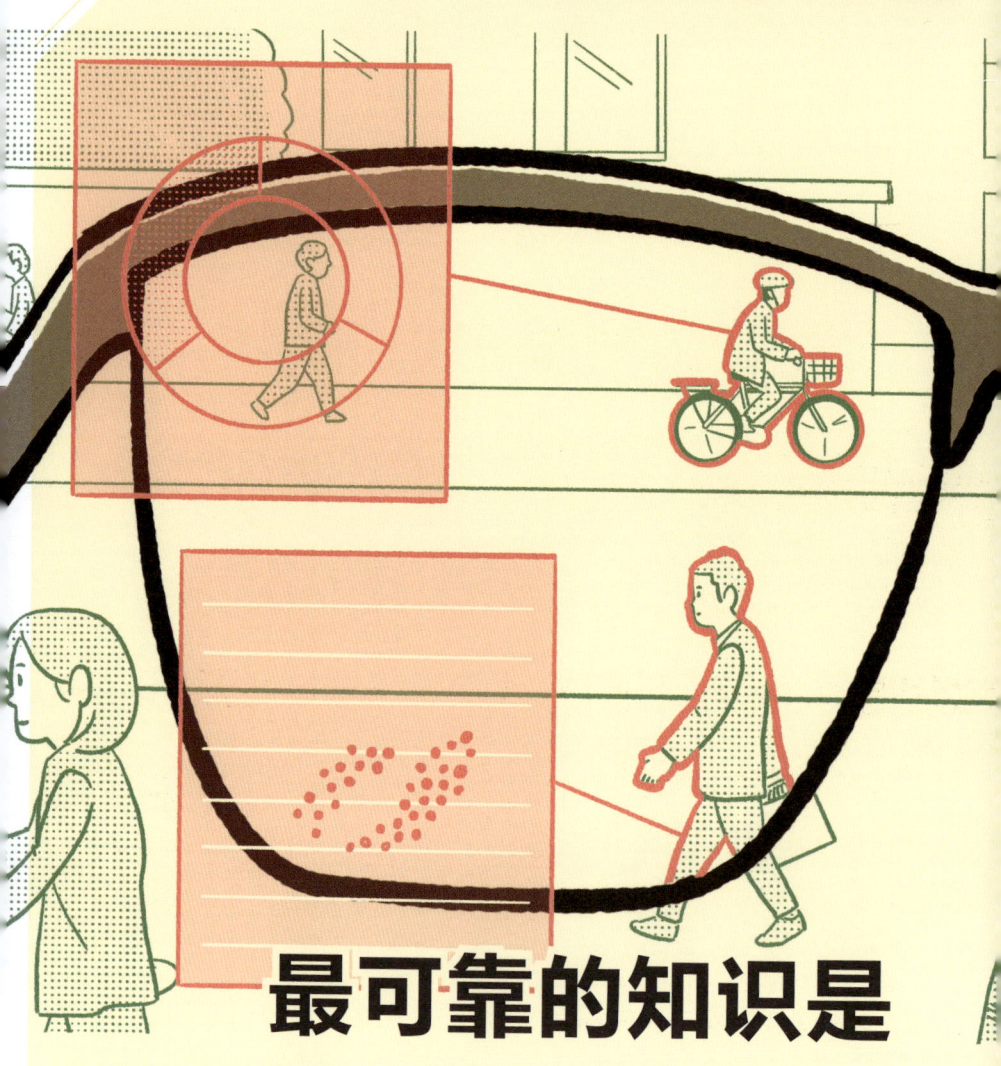

最可靠的知识是

统计学依托数据分析来捕捉尚未被发现的趋势以展望未来。在过去,这是部分专家的工作。但时至今日,任何人都能够简单地将世间所有事物转换为数据。正确地分析并灵活运用这些如同潮水般的数据是促进商业发展的捷径,但也可以说是左右未来走向的关键。

当代社会，

统计学

谷歌公司的首席经济学家哈尔·范里安（Hal Varian）博士大约在10年前曾经说过："在今后10年中最受欢迎的职业将是统计人员。"这句话正是对当今时代的真实写照。

尖端的信息技术、人工智能、大数据解析、区块链都与统计学息息相关！

提及尖端的信息技术，许多人都会联想到人工智能、大数据分析和区块链等。如何利用这些尖端技术是很多企业今后面临的重大课题。实际上，鲜为人知的是人工智能、大数据分析和区块链等这些需要处理大量数据的技术都与统计学的思维和理论有着深刻联系。为了加深对这些技术的理解并有效地加以运用，我们必须对统计学知识有一定程度的了解。然而在现实生活中，正确理解统计学的人数要远远低于社会需求的数量，因此学习统计学对人们未来的工作有很大的帮助。

尖端信息技术关系图

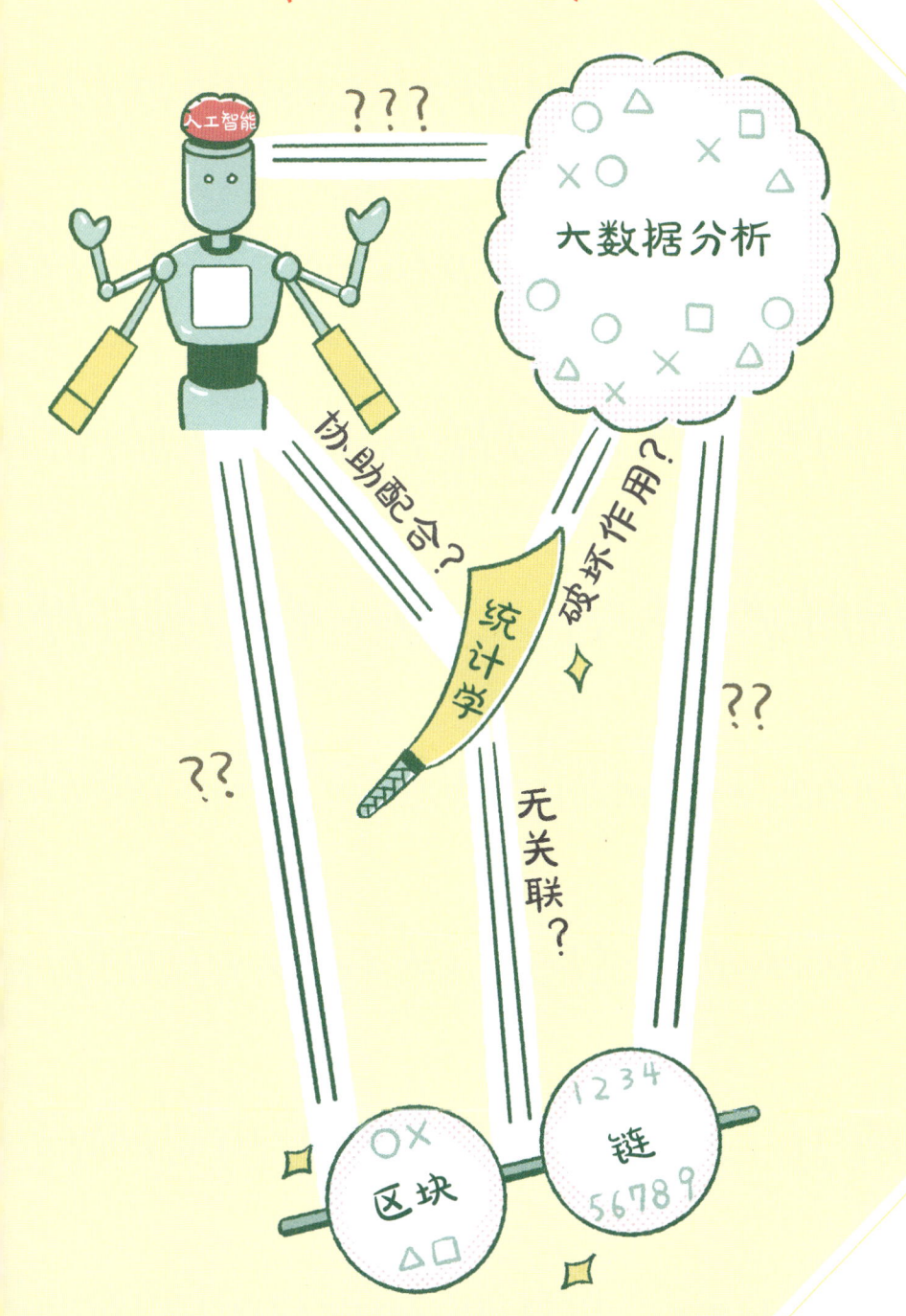

和过去的懵懂
只要掌握了

例如

标准差

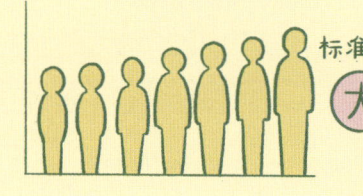

读不懂！

标准差 大

标准差 小

- 同平均值一样，标准差也是数据的特征之一；
- 关键在于数值的分布情况。

　　许多在大学里学习过统计学课程的人都会觉得统计学的专业术语过于复杂烦琐且难以掌握。但实际上，只要我们掌握了其中的要点就能够直观准确地理解统计学（或与之相关的概率论）。

说"再见"！
统计学基础知识

例如
事件

很简单！

- 在做某件事时所发生的其他事情；
- 比如在掷骰子的时候掷出偶数点。

所有的难题都
迎刃而解！

第一章

仅凭这一点就足以在社会上发挥作用！

统计学超基础入门知识

首先让我们来了解一下关于统计学的超基础入门知识。因为该部分的公式数量最少，因此即使是门外汉也能够轻松地读懂。当然，不擅长数学的人跳过该章节也没有关系。虽然是基础知识，但也能够在社会上发挥巨大作用！

专栏

1

可应用于诸多领域的统计学

调查分析离不开统计学

目前，统计学被广泛应用于各个领域。在大学中，无论是文科院系还是理工科院系，很多专业都设有统计学基础课程。**统计学被称为调查和分析领域的必备知识之一**。接下来，让我们来看一看统计学在各个领域中发挥着怎样的作用。

理工科领域的必备知识

首先，统计学可以应用于理学、工学等广泛领域，特别是在**仪表工程学**中发挥着尤为重要的作用。仪表工程学是一门主要研究开发测定质量和距离等物理量的仪器以及进行测定误差验证的学科，因此它与统计学理论有着密切联系。

另外，除了在第二章的正态分布一节中我将为大家介绍的六西格玛管理原则之外，**旨在控制工业产品的偏差来保证质量始终如一的"质量控制理论"也是以统计学知识为前提的**。

在农学中，以创造出有效的实验方法并**恰当分析实验结果为目的的"实验计划法"**，也是统计学的应用体现之一。具体来说，就是通过尽量控制天气和气候等突发因素的影响来判断品种改良和肥料的效果。

医药行业中也有许多统计学专家

正如第二章所介绍的那样,在医药学行业中,人们为了**证明新药和治疗方法的效果也会用到统计学理论**。因此,许多制药公司都会配备统计学专家。

此外,医学的其他领域也在研究生活方式和疾病之间的关系,比如"香烟和肺癌的关系""肥胖和高血压的关系",等等。这一领域被称为**"流行病学"**,它研究的**不是个人疾病而是群体疾病的发生原因和预防方法**,因此也需要运用统计学方法。

另外,在随着新冠肺炎疫情在世界范围内大爆发而备受关注的**"传染病学"**中,也有**统计学理论**的应用。许多人可能会经常在新闻或报纸上看到专家是如何对病毒感染进行建模并预测其发展趋势的。

社会学和经济学领域中的应用统计学

在除理工科以外的其他领域内,统计学也有用武之地。例如,**社会学是一门研究社会现象及其出现原因的学问**,但由于要进行社会调查并分析数据,因此就必然会用到统计学知识。这在社会学领域中被称为"社会统计学",且由于其特别重视总体与样本之间的关系,因此又可以称得上是推断统计学的一种。

经济学同统计学也有着很深的渊源。例如,**计量经济学就是一门使用统计方法来检验经济理论所产生的经济模型是否有效的学问**。由于许多理论需要运用统计学知识,因此我们把这种通过统计学基本理论和方法来解决各个领域内实际问题的学科称为应用统计学。另外,通过概率和统计等数学方法来规避风险并获得有效利润的**"金融工程学"**，以及在财务和保险行业应用数学和统计方法来评估长期风险的**"精算学"**，也是统计学在经济学中的应用体现。

统计学也可应用于法学和语言学之中

甚至在法学等一些看似毫无关联的领域中也能够看到统计学的身影。尽管具体事例为数不多，但人们在**法学领域内的确引入了统计方法**，并且有将**"统计显著性"作为庭审证据的先例**。

此外，统计学也可应用于语言学领域，其中具有代表性的就是**"计量语言学"**。作为现代语言学的一个分支，它主要是通过统计学方法来研究语言的结构、变化和应用。另一个领域是**"词汇统计学"**，它主要是将词汇细分后再对其各种特性做定量分析研究。

除上述领域之外，统计学还被广泛应用于经营学、行为科学、政策科学、心理学等领域。

〈 应用统计学的代表性领域（例）〉

理学・工学	仪表工程学、质量控制理论
农学	实验计划法
医学・药学	流行病学、传染病学
社会学	社会统计学
经济学	计量经济学、金融工程学、精算学
语言学	计量语言学、词汇统计学

1

像电影《黑客帝国》一样看世界？！
控制世界的数值就是
数据

大小

关于事物大小的数值，是数据的原始状态。

40 m　50 m　30 m

大厦的高度

速度

加速度

除了速度数值外，"加速度"等随着时间而变化的数值也属于数据范畴。

体重的数值分布

重量

一个人的体重是了解其成长、身体状况和潜在疾病的重要数据。

对于统计学而言，数据就是料理中的食材

总体来说，统计学是一门分析数据的学问。首先，让我们来了解一下统计学中所必需的"数据"。简单地说，数据就是调查、观测和实验结果的数值。除了高度和重量等要素外，人们对于某事或某人的态度也可以按照

第一章 统计学超基础入门知识

态度

即使是难以量化的态度也可以通过灵活的调查方法来转化成数据。

喜欢还是讨厌？

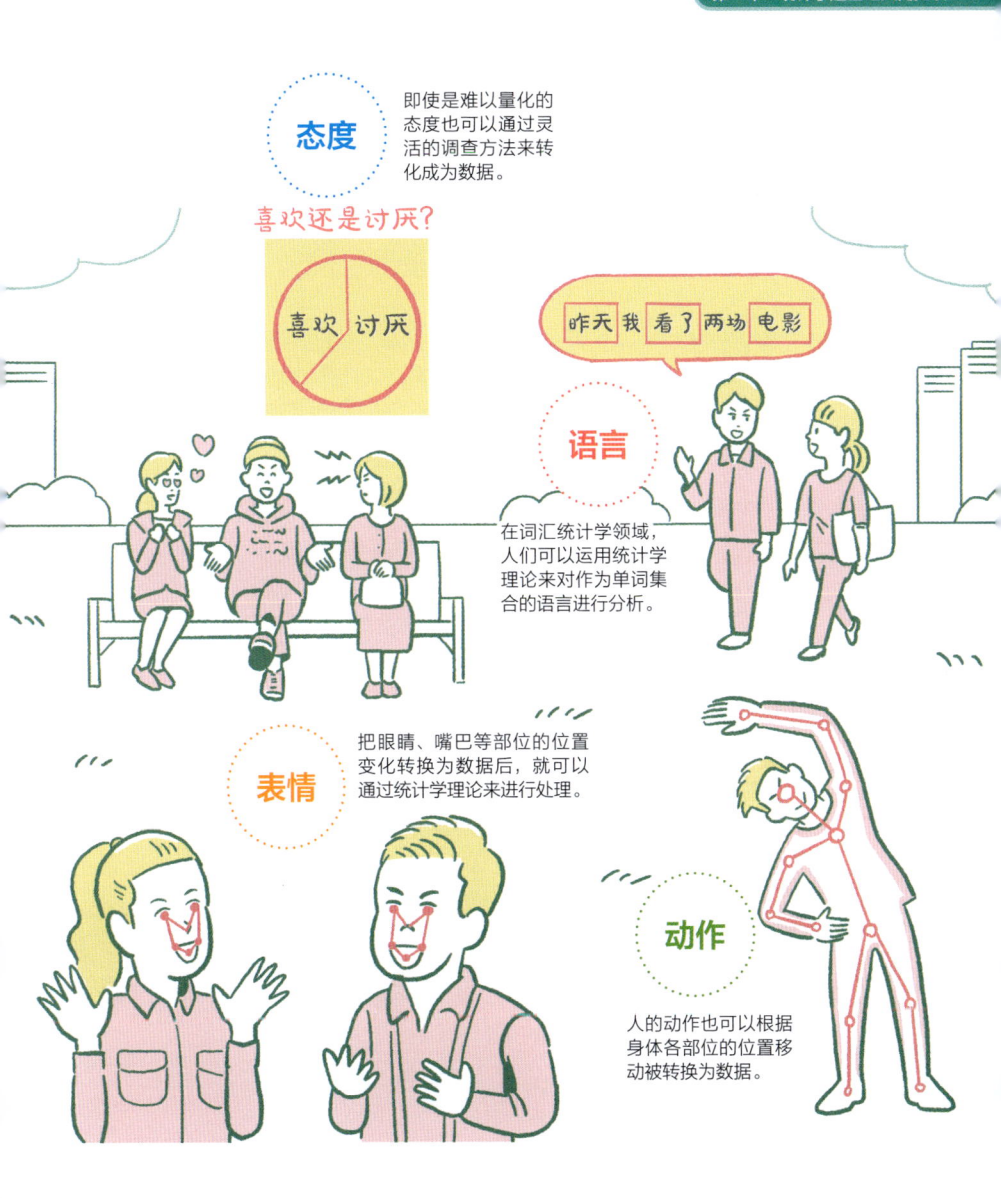

喜欢 讨厌

昨天 我 看了 两场 电影

语言

在词汇统计学领域，人们可以运用统计学理论来对作为单词集合的语言进行分析。

表情

把眼睛、嘴巴等部位的位置变化转换为数据后，就可以通过统计学理论来进行处理。

动作

人的动作也可以根据身体各部位的位置移动被转换为数据。

"喜欢还是讨厌"的标准进行调查，并最终将其转换成数据。另外，语言中的单词数量也可以被转换为数据来进行统计学处理。由此可知，我们甚至可以将除数值以外的一切事物都转换为数据。

13

统计学是一门关于数据的学问
统计学中的数据

①确定调查主题

例 想要了解这款点心在年轻人群中是否畅销。

根据想要了解的主题来确定调查内容。

②收集数据

例 在店面中实际调查点心购买者的特点。

通过问卷调查和出口调查[①]等方式来获取数据。

③分析数据

例 通过数据分析来了解这款点心是否受到年轻人的欢迎。

通过图表化和数学运算来对数据进行整理分析。

这两个环节属于统计学领域

一定要收集所有的数据吗？
数据的收集方法

在统计学领域中，无须调查所有的数据。

全数调查

对所有对象进行调查并获取数据，但这需要投入大量的时间和精力。

例
- 国税调查

抽样调查

从全部调查研究对象中抽选一部分样本进行调查。现实环境中多采用这种调查方法。

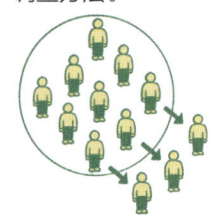

例
- 民众对政府的支持率
- 电视节目的收视率

统计学的基础知识——调查和数据种类

接下来让我们来思考一下统计学中的数据。根据想要了解的主题来确定调查内容，这就是统计学研究的最初目的。统计学是指从调查中获得数据并对其进行分析的学问。调查方法分为全数调查和抽样调查两种。全数调查的分析自然更为精确，但如果运用统计学理论，即使数据

---
① 指调查机构在投票站出口处对刚走出投票站的民众所做的调查。——编者注

14

数据的种类

态度和兴趣也能够转换为数据

定量数据

像身高、销售额、体重、时间和气温等作为调查结果本身就具有意义的数据。

例
- 身高
- 销售额

定性数据

像"1. 喜欢 2. 讨厌"这种数值本身不具有意义，只是单纯标明事物性质或类别的数据。

例
- 国籍（1. 日本 2. 美国……）
- 兴趣（1. 喜欢 2. 讨厌）
- 评价（1. 优良 2. 劣质）

> 在一定区间内可以任意取值且数值连续不断的数据被称为"连续数据"。

离散数据

人数、年龄和考试得分等只能取得固定数值的数据。

例
- 年龄
- 访客人数

连续数据

身高、卡路里、民众对政府的支持率等可以在一定区间内任意取值的数据。

例
- 身高
- 时间

较少也同样能够得到相对准确的结果。另外，数据大致可以分为定量数据和定性数据两种，其中前者的数值具有实际意义，而后者的数值则只能用来标注事物性质或类别。

2

简直就像冲洗照片一样！
如果能够将数据巧妙地制作成图表，就会有所收获？！

任何人都可以轻松实现的有效数据图表化

我在上一节为大家介绍了和数据相关的知识，本节就来讨论一下数据的分析方法。统计学中的分析是指洞察数据中隐藏的规律并把握其趋势和特征的过程。其中，最简单有效的方法就是将数据制作成图表。制

主题
客单价的数值分布

（图表：柱状图，纵轴"来店人数"（人），横轴"客单价"（日元））
不明所以 失败！

横轴分组：2 000~1 001、3 000~2 001、4 000~3 001、5 000~4 001、6 000~5 001

主题
来店人数的变化

（图表：折线图，纵轴"来店人数"（人），横轴"月份"（月））
不明所以 失败！

主题
某商品的购买人群年龄分布

成功！

（图表：柱状图，纵轴"购买人群"（人），横轴"年龄"（岁），图例：■男 ■女）

这个商品在20多岁的女性和60多岁的男性之中很受欢迎！

年龄分组：0~20、20~30、30~40、40~50、50~60、60~70

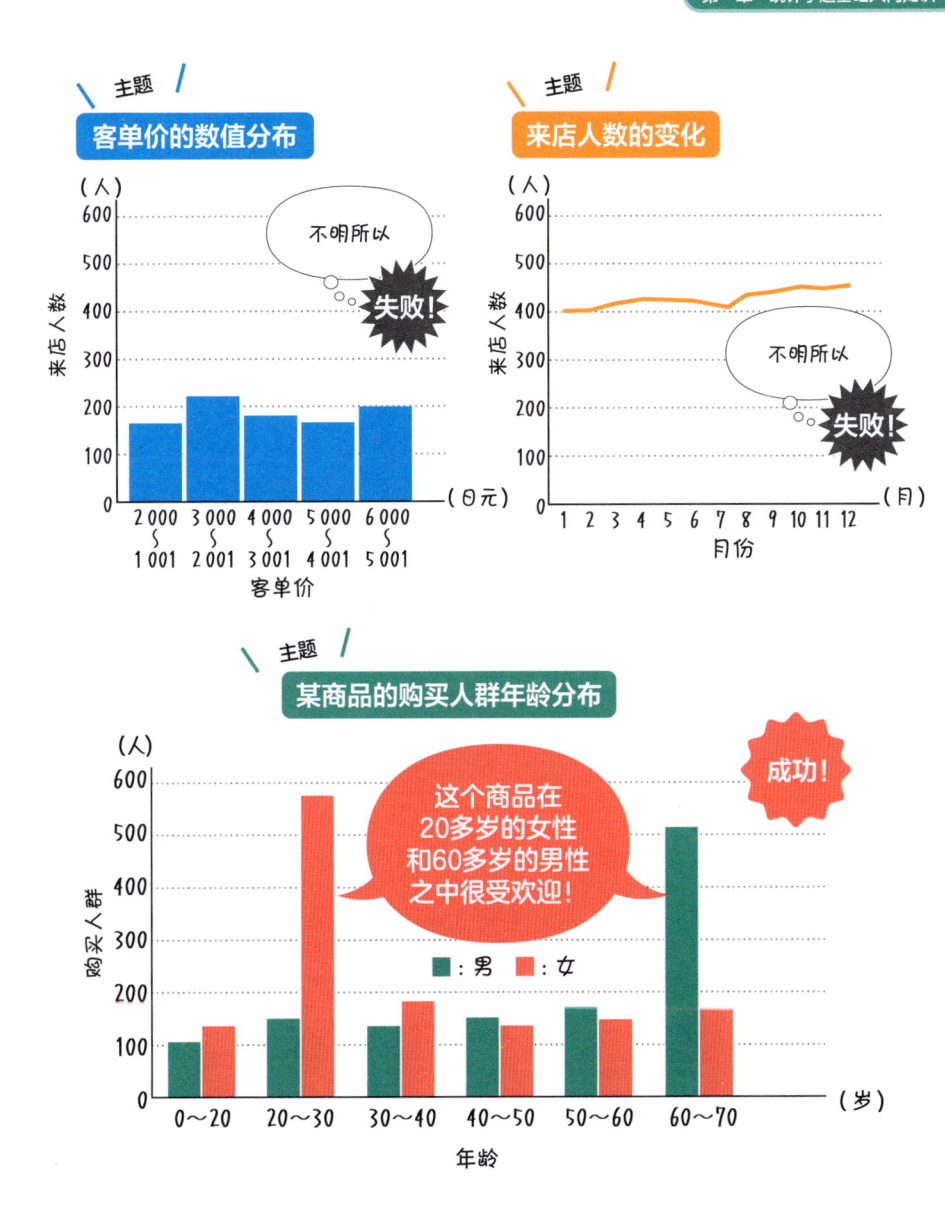

图可以让我们直观地把握数值之间的关系并确定趋势走向。然而，图表和形式的选择会因主题的不同而有所差异，因此我们需要结合调查结果来进行思考。

在制作图表之前……
要将数据整理成表格

变量名

姓名	销售额（万日元）	姓名	销售额（万日元）
A	612	C	703
B	456	D	520

要素名　　　变量

在左表中，销售额被称为"变量名"，销售额数值被称为"变量"，A、B等则被称为"要素名"。

应该结合主题区分使用！
具有代表性的图表类型

表示在整体中的比例
饼状图
整个圆代表100%，用圆心角的大小表示各要素所占比例。

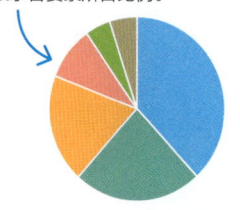

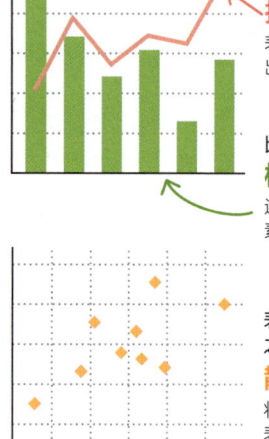

表示时间等要素的变化
折线图
表示变量随着时间发展而出现的变化。

比较各要素的数值
柱状图
通过条柱长短来表示各要素数量的最简单图表。

通过排列所占比例来表示变化
带状图
带状的长度反映各要素的比例。同饼状图一样，便于进行比例比较是其主要特征。

表示两个变量之间的关系
散点图
将两个变量分布于同一图表之中以显示其关联性。

统计学中频繁出现的"频数分布表"和"直方图"

　　在绘制数据图表时，可以提前将数据的要素名和结果（变量）整理成表格。图表主要包括能够明确表示在整体中所占比例的饼状图和条形图、表示随着时间变化而变化的折线图、比较各要素数量的柱状图以及

不熟悉却非常重要的统计学主角
频数分布表和直方图

▼ 某产品销售额的频数分布表

销售额（万日元）	销售额（日元）	人数
0~100	50	0
100~200	150	2
200~300	250	4
300~400	350	7
400~500	450	5
500~600	550	4
600~700	650	2
700~800	750	1

组限
数值范围内的一定区间

组中值
各组变数数值的中点

频数
各组限中所包含的数据个数

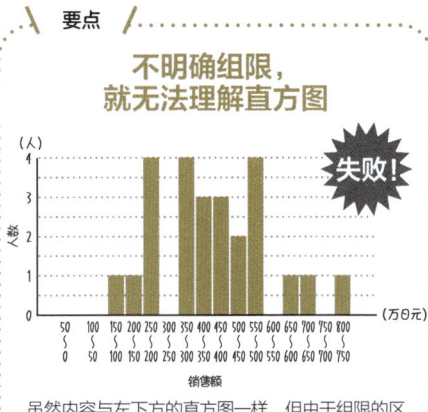

要点

不明确组限，就无法理解直方图

失败！

虽然内容与左下方的直方图一样，但由于组限的区间取值不恰当，这个图片呈现出了奇怪的样式。

▼ 某产品销售额的直方图

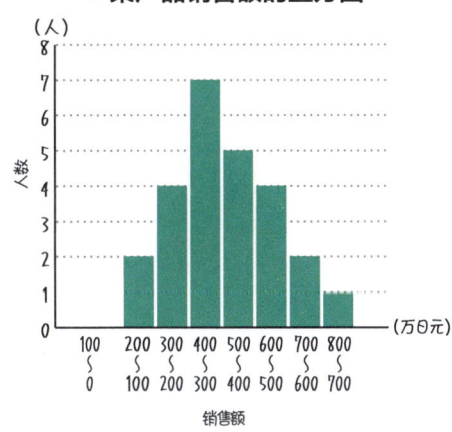

**与柱状图相似却不相同
表明数据分布情况的直方图**

直方图的纵轴表示频数和概率等，而横轴则表示组限，它能够直观地反映出众多数据的分布情况。虽然二者外观相似，但柱状图只能单纯排列数值，而直方图则是通过确定并划分数值区间来表示连续变量的频数分布情况。

表示两个变量关系的散点图等。统计学中经常会用到频数分布表和直方图。直方图可以对大量数据进行图表化处理，是有效把握数值分布的主要图表之一。

3

平均情况出乎意料？！
要想掌握数据的特征，
就必须了解除平均值以外的**代表值**

A公司

B公司

平均年收入为450万日元

平均年收入为600万日元

A公司的平均年收入较高，这一点很诱人但也有些可疑

C公司 平均年收入为500万日元

平均值真的是大概数值？

接下来我要为大家介绍数据的特征。平均值是表示数据特征的数值之一，但也存在些许问题。以上述公司为例，单纯从收入来看年收入平均水平较高的A公司更具吸引力。但是从员工的工资表来看，A公司

A公司

员工	年收入（万日元）
A	200
B	200
C	200
D	200
E	200
F	200
G	200
H	200
I	3800

B公司

员工	年收入（万日元）
A	250
B	300
C	300
D	450
E	450
F	450
G	550
H	600
I	700

C公司

员工	年收入（万日元）
A	150
B	150
C	300
D	300
E	300
F	300
G	900
H	1000
I	1100

将A公司的年收入制作成表格

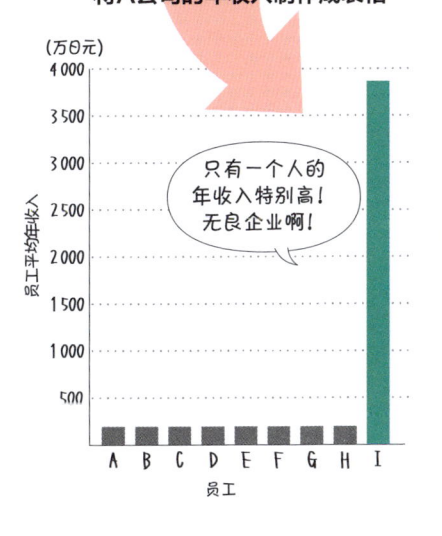

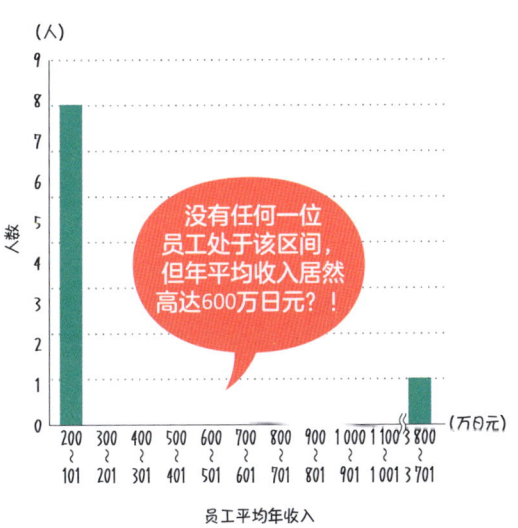

只有一个人的年收入特别高！无良企业啊！

没有任何一位员工处于该区间，但年平均收入居然高达600万日元？！

▲ A公司员工平均年收入柱形图

▲ A公司员工平均年收入直方图

8名员工的年收入为200万日元，只有1人的收入极高。平均年收入是个数字，数字不会说谎，但是不是与你的设想差距很大呢？综上所述，平均值作为显示数据特征的数值有时也会与人们的设想有偏差。

表示"平均""中间"和"频出"的数值
表示数据特征的三个代表值

非常有名且简单的概念，但容易受到极端数值的影响
算术平均值

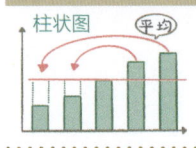

直方图

要点！
请不要这样做！

被极端数值牵着鼻子走的胆小鬼

柱状图　平均

快到这边来！

- 用所有数值的平均值来表示大致数值；
- 如果存在极大值或极小值，那么必然会对平均值产生影响。

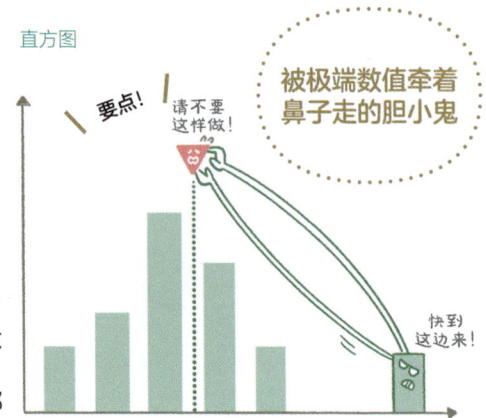

居于所有数值的正中间
中位数

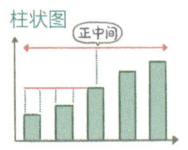

直方图

柱状图　正中间

要点！
在这里！

位于柱状图正中间且一动不动的顽固分子

我可管不了！

- 位于所有数值正中间的观察值；
- 与平均值相比，它不容易受到极端数值的影响。

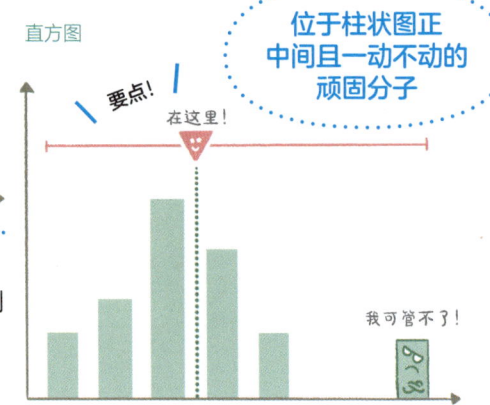

了解三个代表值

　　表示数据特征的代表性数值被称为"代表值"。其中第一个（最有名的）是"平均值"，它是数据资料中各个观察值的总和除以观察值个数所得的商，可以用来表示整体的大致水平。然而，其主要特征就是会受到极端数值的影响。第二个是"中位数"，它是将所有观察值从小到

第一章 统计学超基础入门知识

众数

该数值出现次数最多

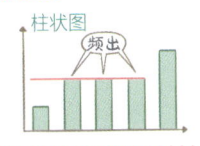

柱状图 — 频出

直方图 — 要点! 在这里!

在直方图中明显脱颖而出的佼佼者

- 总体中出现次数最多的标志值;
- 即使存在极端数值,也几乎不受其影响。

呵呵

示例(%)

日本人家庭所得收入分布图

300万~399万日元

平均500万~599万日元

(%)纵轴:16, 14, 12, 10, 8, 6, 4, 2

横轴(万日元): 101~199, 199~299, 299~399, 399~499, 499~599, 599~699, 699~799, 799~899, 899~999, 999~1099, 1099~1199, 1199~1299, 1299~1399, 1399~1499, 1499~1599, 1599~1699, 1699~1799, 1799~1899, 1899~1999, >7000

资料来源:2017年日本国民生活基础调查概况

大部分的日本人年收入为350万日元左右,但是平均年收入被拉高至更高数值。

虽然年收入平均值被高收入人群拉高,但大部分的日本人年收入保持在350万日元左右。

大依次排列后居于中间位置的观察值。即使此时存在极端数值,它所受到的影响也要比平均值小。第三个是"众数",它是数据资料中出现次数最多的数值且也不易受到极端数值的影响。

23

▼A公司员工的平均年收入分布图

众数

平均值

中位数

(万日元)
200~101 300~201 400~301 500~401 600~501 700~601 800~701 900~801 1000~901 3000~1001 3800~3701

员工平均年收入

> A公司的无良经理。中位数和众数成为A公司的两个极端数值。

某个员工（可能是经理）独占收入的无良企业。我们应当避免就职于该公司。

▼B公司员工的平均年收入分布图

平均值
中位数
众数

(万日元)
300~201 400~301 500~401 600~501 700~601 800~701 900~801 1000~901

员工平均年收入

> B公司的年收入看似普通，但是其平均值、中位数和众数是一样的！

这是一家年收入逐渐上升的优良企业。不过，员工最高年收入却低于A、C两家公司。

▼C公司员工的平均年收入分布图

众数
中位数
平均值

(万日元)
200~101 300~201 400~301 500~401 600~501 700~601 800~701 900~801 1000~901 1100~1001

员工平均年收入

> 同样出现了两个极端，一定是部分员工独占了收入！

虽然没有A公司那么严重，但仍然可以确定部分员工独占了利润，因此也要尽量避免就职于该公司。

概述

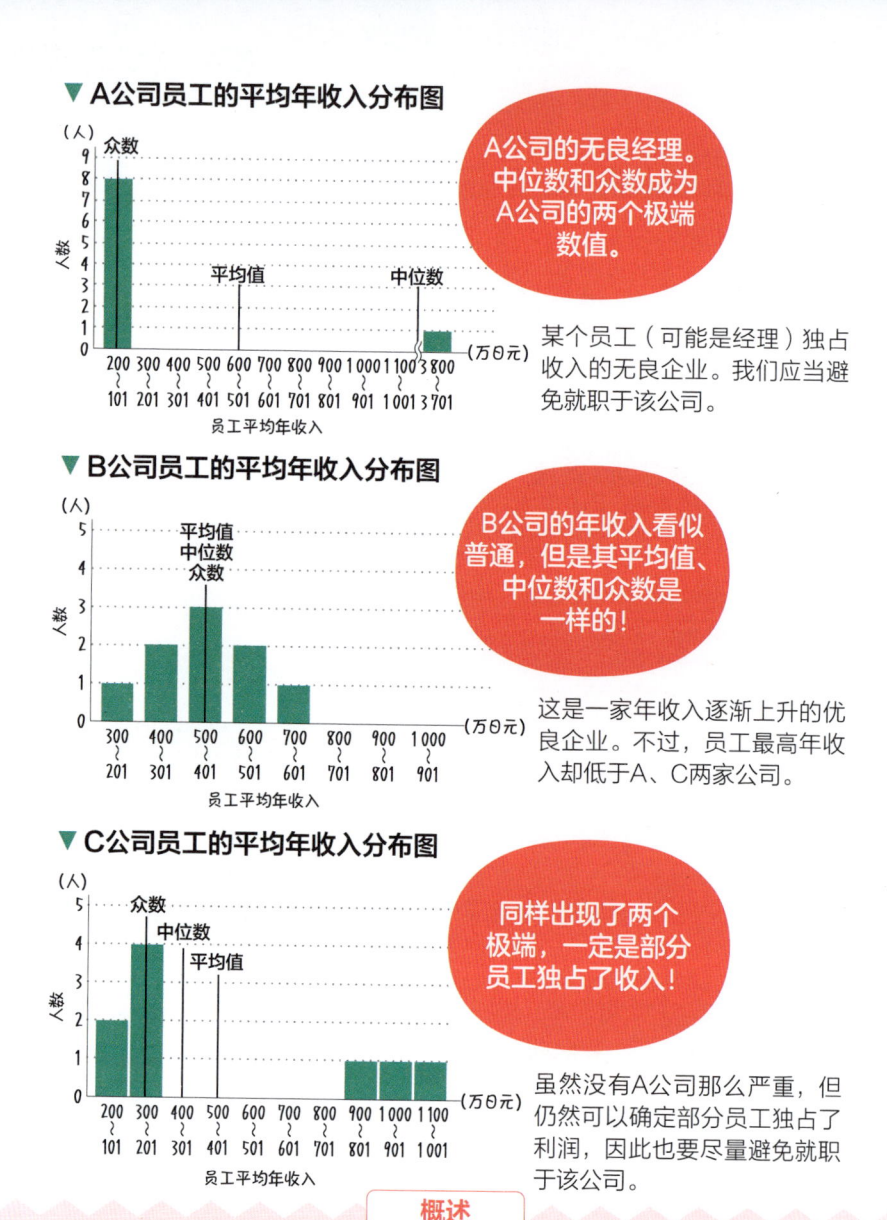

| 表示数据特征的代表性数值称为"代表值"，主要包括平均值、中位数和众数等。

| 平均值表示数据的大致数值，但非常容易受到极端数值的影响。

| 中位数是位居正中间的数值，众数是出现频率最高的数值。这两者均不容易受到极端数值的影响。

公式一览表

第一章 统计学超基础入门知识

平均值的定义

假设数据资料中的数值为 $X_1, X_2, \cdots, X_n$,那么平均值 $\overline{X}$ 则表示如下。

$$\overline{X} = \frac{X_1 + X_2 + \cdots + X_n}{n}$$

这是在学校里学习过的知识呀!

用公式表示的话,看起来似乎有些复杂呢!

通过频数分布表计算平均值

平均值 $\overline{X}$ 如下所示

组中值	频数
X_1	F_1
X_2	F_2
X_n	F_n

$$\overline{X} = \frac{X_1 F_1 + X_2 F_2 + \cdots + X_n F_n}{F_1 + F_2 + \cdots + F_n}$$

中位数的定义

总而言之,中位数就是位居正中间的数值。

假设 n 个数据存在 $X_1 \leq X_2 \leq \cdots \leq X_n$ 的关系。

当 n 为奇数时 假设 $n = 2k + 1$。

$$\underbrace{X_1, X_2, \cdots, X_k}_{k 个}, \underbrace{X_{k+1}}_{\text{中位数}}, \underbrace{X_{k+2}, \cdots, X_{2k-1}, X_{2k}}_{k 个}$$

例 当 n(数值个数)= 5 时,$k = 2$

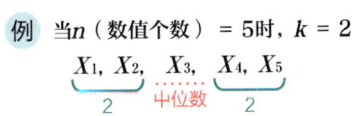

$$\underbrace{X_1, X_2}_{2}, \underbrace{X_3}_{\text{中位数}}, \underbrace{X_4, X_5}_{2}$$

如果数值个数为奇数,那么就只需将所有数值按照从小到大的顺序依次进行排列,位于正中间的数值就是中位数。

当 n 为偶数时 假设 $n = 2k$。

$$\underbrace{X_1, X_2, \cdots\cdots, X_{k-1}}_{(k-1) 个}, \underbrace{X_k, X_{k+1}}_{\text{中位数} = \frac{X_k + X_{k+1}}{2}}, \underbrace{X_{k+2}, \cdots, X_{2k-1}, X_{2k}}_{(k-1) 个}$$

例 当 n(数值个数)= 6 时,$k = 3$

$$\underbrace{X_1, X_2}_{2}, \underbrace{X_3, X_4}_{\text{中位数} = \frac{X_3 + X_4}{2}}, \underbrace{X_5, X_6}_{2}$$

如果数值个数为偶数,则取中间两个观察值的算术平均值当作中位数。

4

与代表值相似的数据特征！
许多人都不了解的"方差"和"标准差"只是数据偏差的体现而已

方差 　**数据偏差的指标之一**。方差数据本身并没有深刻意义且只能与同一批次收集的数据进行比较，但是在统计处理中发挥着重要作用。

方差较 大

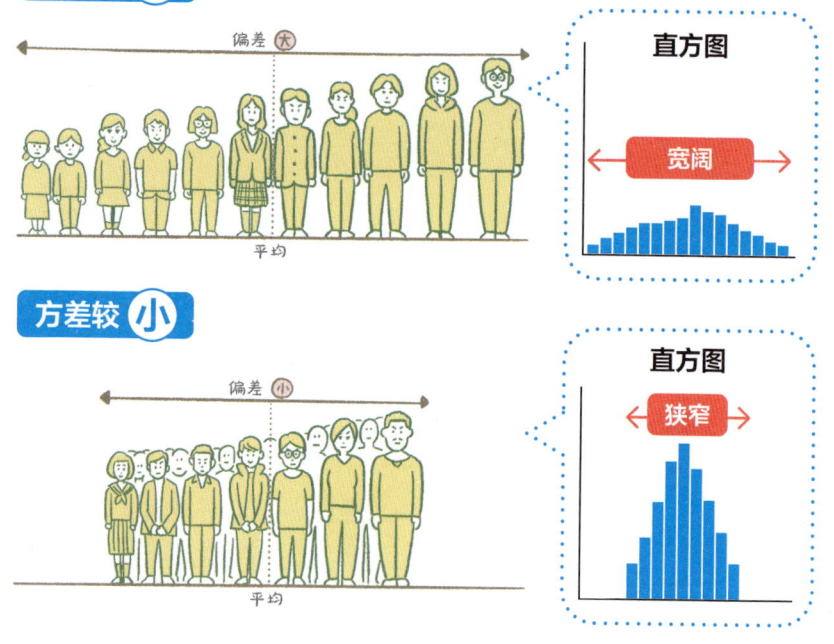

偏差 大

平均

直方图

宽阔

方差较 小

偏差 小

平均

直方图

狭窄

既是表明数据特征的数值，也是衡量偏差的标准

　　方差和标准差是统计学中的难点。对此，我们首先不要去操控数字，而是要把握整体状况。这些和平均值一样，都是表示数据特征的数值之一。方差和标准差用来表示数据的偏差情况。换言之，数值越大则

标准差

简单来讲，它是 <u>数据偏差的平均值和标准</u>。就分布状态较好的数据而言，<u>约7成会被控制在"平均值±标准差"这一范围之内</u>。

$$标准差 = \sqrt{方差}\ (方差 = 标准差^2)$$

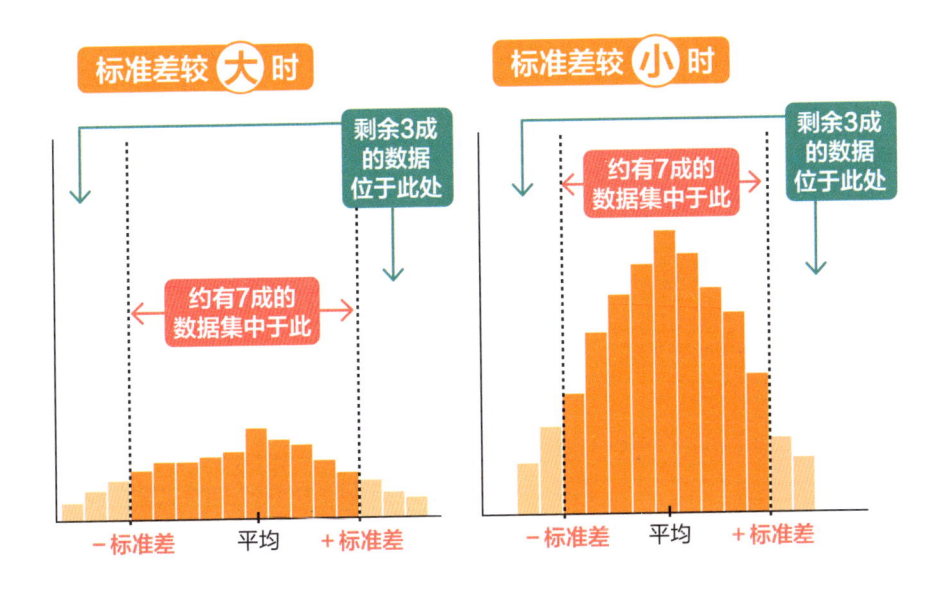

标准差较 大 时

剩余3成的数据位于此处

约有7成的数据集中于此

−标准差　平均　+标准差

标准差较 小 时

约有7成的数据集中于此

剩余3成的数据位于此处

−标准差　平均　+标准差

如果能够把握方差和标准差……

因为它是数据中的标准之一，所以它有助于我们把握<u>某个数值与标准之间存在的差距和在整体中的位置</u>。

偏差越大，数值越小则越接近平均值。标准差尤为重要，例如在标准分布的数据中约有7成存在于"平均值±标准差"这一区间内。

例 尝试运用标准差 对销售成绩进行比较

同一时期进入公司的小A和小B虽然隶属于不同部门,今年的销售成绩却是一样的。然而,小A一脸沮丧地对小B说:"我明明比你更努力呀!"难道就没有办法让领导注意到自己的付出吗?

a部门的小A

我要加油!

数据
- a部门的总销售额　2 127 150万日元
- a部门的平均销售额　1 086万日元
- 小A的销售额　1 350万日元

b部门的小B

嗯?

数据
- b部门的总销售额　2 127 150万日元
- b部门的平均销售额　1 086万日元
- 小B的销售额　1 350万日元

▼ a部门的销售额频数分布表

销售额(万日元)	频数(人)	组中值
500~600	0	550
600~700	0	650
700~800	1	750
800~900	3	850
900~1 000	5	950
1 000~1 100	6	1 050
1 100~1 200	4	1 150
1 200~1 300	2	1 250
1 300~1 400	2	1 350
1 400~1 500	1	1 450
1 500~1 600	1	1 550
1 600~1 700	0	1 650

▼ b部门的销售额频数分布表

销售额(万日元)	频数(人)	组中值
500~600	1	550
600~700	1	650
700~800	2	750
800~900	2	850
900~1 000	3	950
1 000~1 100	4	1 050
1 100~1 200	4	1 150
1 200~1 300	3	1 250
1 300~1 400	2	1 350
1 400~1 500	1	1 450
1 500~1 600	1	1 550
1 600~1 700	1	1 650

方差和标准差的实际应用

接下来让我们来讨论一下方差和标准差实际发挥作用的情况。上述两位员工的部门平均销售额和个人销售额都相同,因此两者在公司内部的绩效是相同的。然而,小A似乎想证明自己比小B更为努力。如果要

通过方差和标准差进行计算

a部门的方差 ≈ 36 428
a部门的标准差 =
√a部门的方差 ≈ 190万

b部门的方差 = 71 104
b部门的标准差 =
√b部门的方差 ≈ 266万

计算公式如P31所示。实际操作略显复杂。

大约7成员工的销售额

896万日元 ~ 1 276万日元
（1 086 - 190）　　（1 086 + 190）

小A的销售额在标准差之上，因此他在部门内名列前茅。

大约7成员工的销售额

820万日元 ~ 1 352万日元
（1 086 - 266）　　（1 086 + 266）

小B的销售额在标准差之下，因此他在部门属于中上等。

从数据的分布来看，小A可能更优秀
（但这与公司的销售额无关）

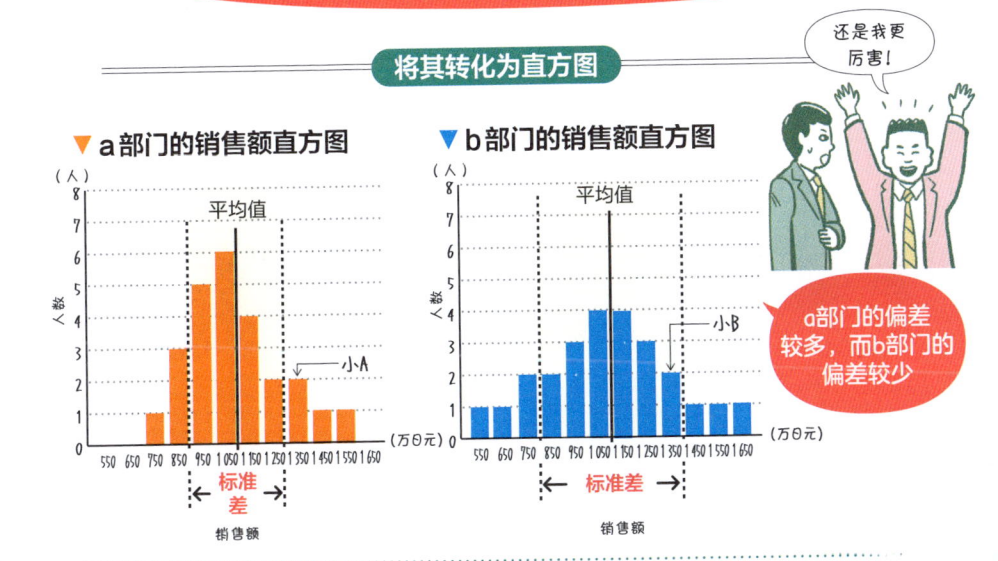

将其转化为直方图

还是我更厉害！

▼a部门的销售额直方图

▼b部门的销售额直方图

a部门的偏差较多，而b部门的偏差较少

计算标准差，那么a部门约为190万日元，而b部门约为266万日元。换言之，小A在偏差较少的a部门中所产生的销售额超过标准差，所以他不可谓不优秀。只不过如果销售额相同，那么绩效也是一样的。

注意！方差和标准差只对变成**独峰的直方图发挥作用**！

需要注意的是在统计学中，方差和标准差只有在直方图变成独峰的时候才能够发挥作用。如果数据呈现出两峰或山谷的样态，那么就没有太大的意义。

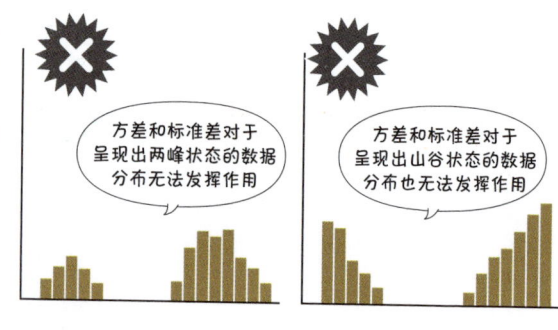

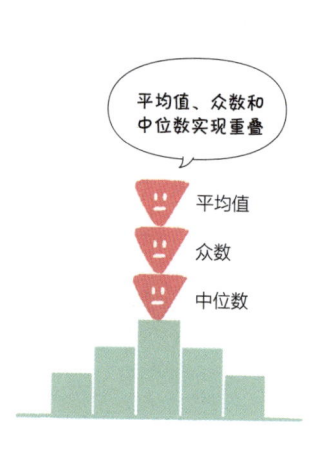

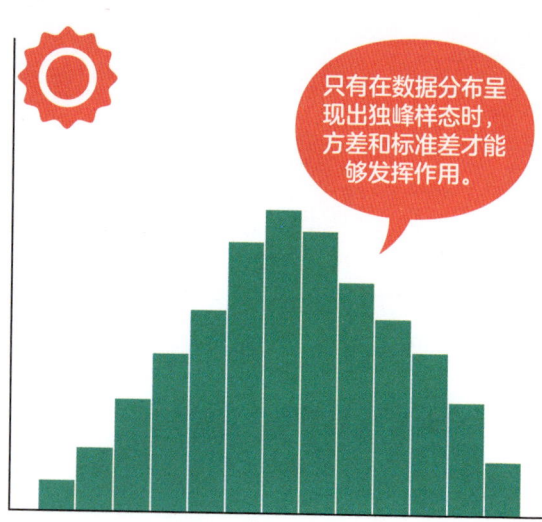

❌ 方差和标准差对于呈现出两峰状态的数据分布无法发挥作用

❌ 方差和标准差对于呈现出山谷状态的数据分布也无法发挥作用

平均值、众数和中位数实现重叠

- 平均值
- 众数
- 中位数

⭕ 只有在数据分布呈现出独峰样态时，方差和标准差才能够发挥作用。

概述

| 方差用于表示数据的偏差，大则分散，小则汇聚。然而，数字本身并不具有意义。

| 标准差相当于数据偏差的平均值，也是数据偏差的基准。

| 在标准分布中如果直方图呈现出独峰样态，那么大约7成的数值会被控制在"平均值±标准差"的区间之内。

公式一览表

若 $X_1, X_2, X_3, \cdots, X_n$ 的平均值为 $\bar{X}$，数值个数为 n，则公式可表示为

$$方差 = \frac{(X_1 - \bar{X})^2 + (X_2 - \bar{X})^2 + \cdots + (X_n - \bar{X})^2}{n}$$

$$标准差 = \sqrt{\frac{(X_1 - \bar{X})^2 + (X_2 - \bar{X})^2 + \cdots + (X_n - \bar{X})^2}{n}}$$

> 手动计算是非常困难的！

根据频数分布表计算方差和标准差

以下方频数分布表为例，假设平均值为 $\bar{X}$，那么方差和标准差的公式如下。

组中值	X_1	X_2	$\cdots$	X_n	总频数
频数	F_1	F_2	$\cdots$	F_n	n

> 不要忘记乘以频数哟！

$$方差 = \frac{(X_1 - \bar{X})^2 F_1 + (X_2 - \bar{X})^2 F_2 + \cdots + (X_n - \bar{X})^2 F_n}{F_1 + F_2 + \cdots + F_n}$$

$$标准差 = \sqrt{\frac{(X_1 - \bar{X})^2 F_1 + (X_2 - \bar{X})^2 F_2 + \cdots + (X_n - \bar{X})^2 F_n}{F_1 + F_2 + \cdots + F_n}}$$

5 对于统计而言必不可少的是……
从术语角度看，**概率论**似乎很难理解，但如果认真分析也能够牢牢把握

调查的种类

从整体中抽取部分！

准确地掌握所有数据

全数调查（全面调查）

例 国税调查
优点 获得准确数据
缺点 耗费大量时间和精力

如果将全体日本人作为调查对象，那么就需要1亿2 000万个数据！这需要耗费大量的时间来进行数据分析……

抽取一部分的数据

抽样调查（随机调查）

例 民众对政府的支持率
优点 无须耗费大量精力即可完成
缺点 可能会出现误差

统计学中必须掌握的概率知识

接下来我要介绍一些学习统计学所必须掌握的基本概率知识。在统计学中使用概率知识是因为现实环境中的许多调查并非是对全体样本进行调查，而是以抽样调查居多，因此经常使用概率来表示结果，如"A

第一章 统计学超基础入门知识

概率基础①
理解内容即可轻松掌握的概率论专业术语

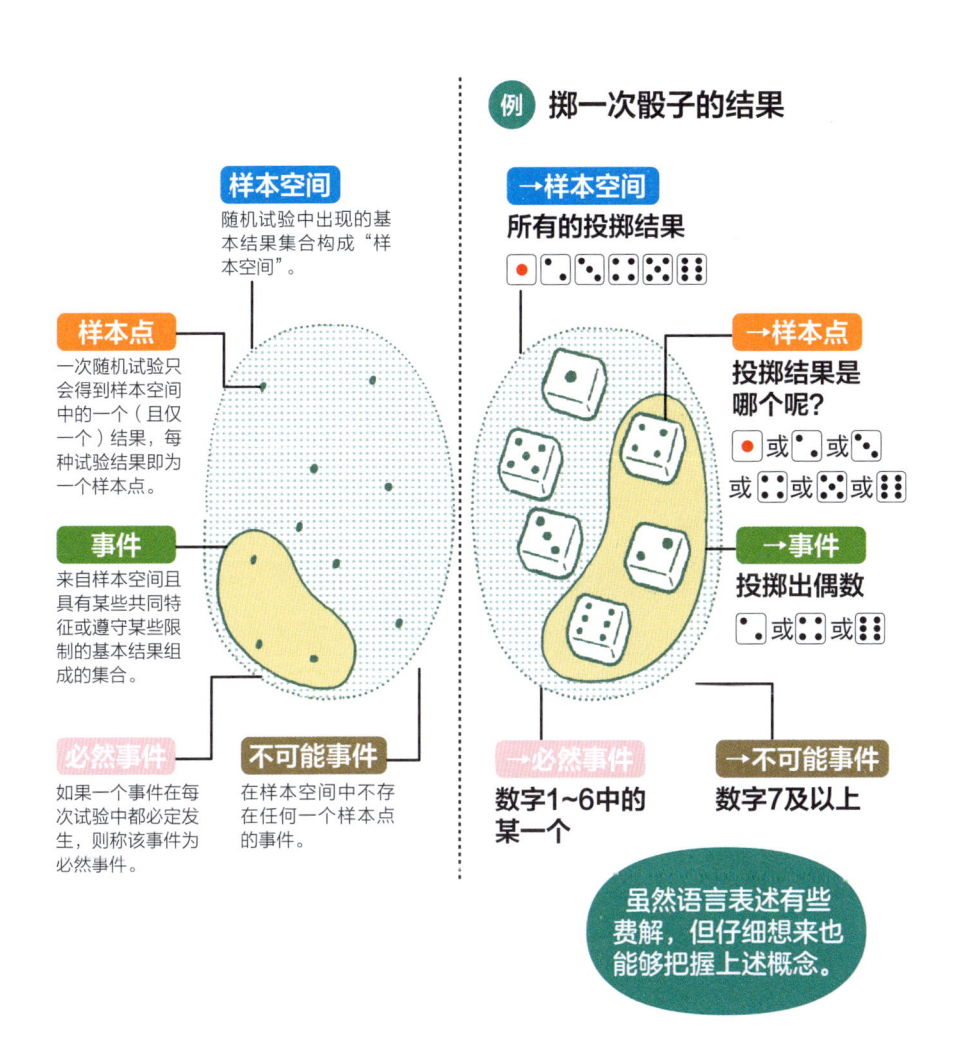

例 掷一次骰子的结果

样本空间
随机试验中出现的基本结果集合构成"样本空间"。

→**样本空间**
所有的投掷结果

样本点
一次随机试验只会得到样本空间中的一个（且仅一个）结果，每种试验结果即为一个样本点。

→**样本点**
投掷结果是哪个呢？
⚀或⚁或⚂或⚃或⚄或⚅

事件
来自样本空间且具有某些共同特征或遵守某些限制的基本结果组成的集合。

→**事件**
投掷出偶数
⚁或⚃或⚅

必然事件
如果一个事件在每次试验中都必定发生，则称该事件为必然事件。

不可能事件
在样本空间中不存在任何一个样本点的事件。

→**必然事件**
数字1~6中的某一个

→**不可能事件**
数字7及以上

> 虽然语言表述有些费解，但仔细想来也能够把握上述概念。

事件出现的概率为90%"，等等。首先我们要对"样本空间""事件"等概率学专业术语进行学习。虽然这些术语本身难以理解，但只要理解了内容即可轻松地掌握。

概率基础②
想象一下就能明白的事件计算

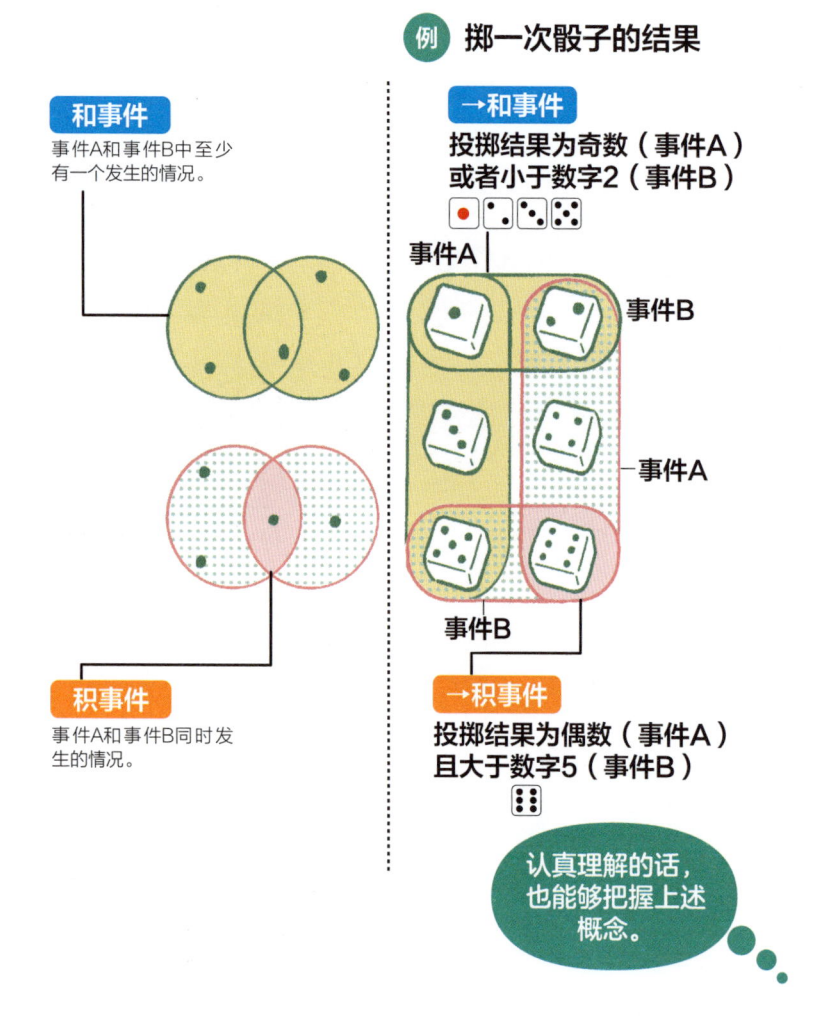

和事件
事件A和事件B中至少有一个发生的情况。

积事件
事件A和事件B同时发生的情况。

例 掷一次骰子的结果

→和事件
投掷结果为奇数（事件A）或者小于数字2（事件B）

事件A
事件B
事件A
事件B

→积事件
投掷结果为偶数（事件A）且大于数字5（事件B）

> 认真理解的话，也能够把握上述概念。

简单地了解事件关系和个案数

在此，我们要尝试分析一下事件之间的关系。首先，如果事件A和事件B中至少有一个发生，那么这就被称为事件A和事件B的"和事件"。与此相对，事件A和事件B两个同时发生的现象被称为"积事

概率基础③
了解"个案数"概念

排列

排列顺序是非常重要的！

从n个不同元素中取出k个元素,按照一定顺序排成一列的方法。

不同的排列顺序会导致不同的排列结果。与下方的组合相比,其产生的结果数量较多。

$$P_n^k = \frac{n!}{(n-k)!}$$

例

从ABCD4个字母中选出3个并排成一列。

$$P_4^3 = \frac{4!}{(4-3)!} = 24 \text{ 种}$$

ABC ACB BAC BCA CAB CBA
ABD ADB BAD BDA DAB DBA
ACD ADC CAD CDA DAC DCA
BCD BDC CBD CDB DBC DCB

组合

不受排列顺序的影响

从n个不同元素中取出k个元素组成一个子集而无须考虑排列顺序。

该方法不考虑排列方式而只考虑抽取出来的要素,因此其产生的结果数量要少于排列。

$$C_n^k = \frac{n!}{k!(n-k)!}$$

例

从ABCD4个字母中选出3个并进行组合。

$$C_4^3 = \frac{4!}{3!(4-3)!} = 4 \text{ 种}$$

ABC ABD ACD BCD

件"。另外,个案数就相当于数学课中所讲的"结果"。至于后面提到的排列与组合,即使我们不进行数学证明也能够轻松理解。因此只要把握了内容、计算方法和符号就可以了。

概率基础④
基础概率

例 骰子投掷结果小于数字2的概率

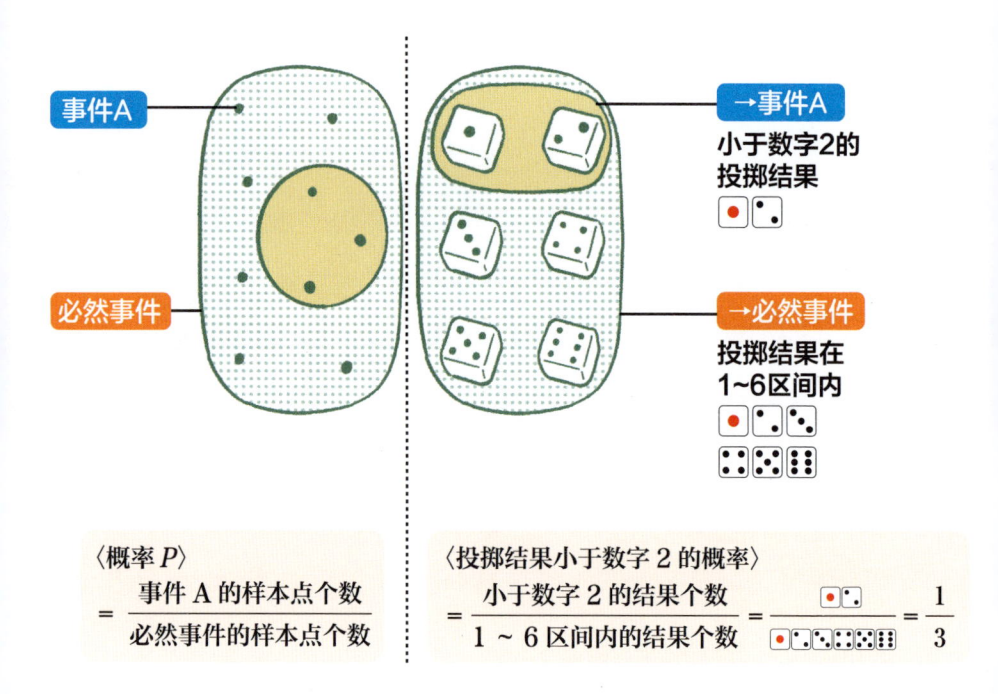

→事件A
小于数字2的投掷结果

→必然事件
投掷结果在 1~6区间内

事件A

必然事件

〈概率 P〉
$$= \frac{事件A的样本点个数}{必然事件的样本点个数}$$

〈投掷结果小于数字2的概率〉
$$= \frac{小于数字2的结果个数}{1\sim 6区间内的结果个数} = \frac{1}{3}$$

概率的定义表述虽然有些费解，但其本质内容通俗易懂

本节最后将要为大家介绍概率的定义和基础知识。当事件A顺利发生之时，其概率可以用"事件A的样本点个数/必然事件的样本点个数"来表示。这句话听起来有些令人费解，但如果像上述事例那样用骰子的点数来进行分析的话，就会非常容易把握。另外，对于不同的概率，人们也可以像对于事件那样进行加法运算。在事件A和事件B不可能同时发生的时候，即没有共同样本点的情况下（互斥事件），那么加法运算就得以成立（加法定理）。

第一章 统计学超基础入门知识

> 因为奇数结果和数字2不会同时出现，所以可以用加法算式。

例 结果是奇数或者为数字2的概率

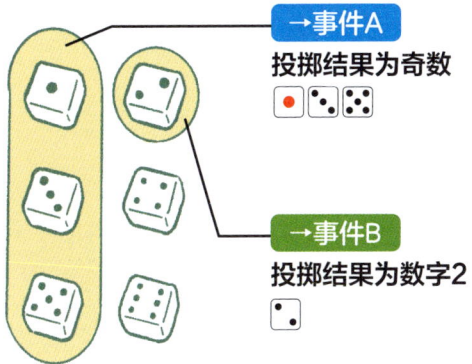

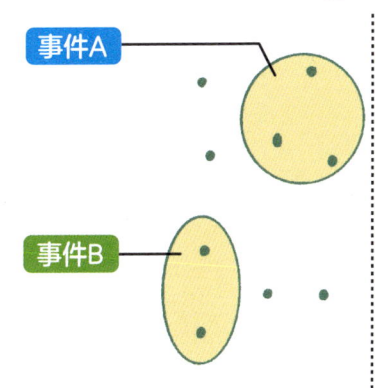

事件A

事件B

→事件A
投掷结果为奇数

→事件B
投掷结果为数字2

加法定理 $P = P_A + P_B$
P_A = 事件A的概率
P_B = 事件B的概率

P = 结果为奇数的概率 + 结果为数字2的概率

$$= \frac{1}{2} + \frac{1}{6} = \frac{2}{3}$$

> 这个很好理解呀！

概述

从专业术语的角度来看，关于事件和概率的基础知识较难理解，但只要了解其内容后就能够轻松掌握。

个案数包括重视要素排列顺序的"排列"和无须在意排列顺序的"组合"两种形式。

概率的计算方法为某事件的样本点个数/必然事件的样本点个数。只要符合条件，不同概率可以实现叠加。

6 从概率回归到统计
联结概率和统计的两大关键词——"随机变量"和"概率分布"

什么是"随机变量"和"概率分布"？

我们在前面学习了关于概率的基础知识，下面我就对联结概率和统计这两大学科领域的随机变量和概率分布进行讲解。随机变量是指在一定范围内随机取值的变量。虽然对于这个专业术语的解释比较难懂，但只要大家记住

第一章 统计学超基础入门知识

结合事例,轻松把握
随机变量和概率分布的定义

行为结果
随机变量

假如某个变量在数轴上的取值依赖于随机现象的基本结果,那么我们就称此变量为随机变量。

例
- 抛硬币 ➡ 确定正反面
- 掷骰子 ➡ 确定点数

随机变量取某一特定值得出概率函数
概率分布

概率分布是指随机变量的取值与其概率所构成的数值分布情况,且概率的最终加和为1。

概率分布表

随机变量	x_1	x_2	~	x_n	合计
概率	P_1	P_2	~	P_n	1

例 **实际的概率分布表**

投掷一次骰子的结果概率分布表

投掷结果数字(随机变量)	概率
1	1/6
2	1/6
3	1/6
4	1/6
5	1/6
6	1/6

这与P19的频数分布表非常相似

投掷两次骰子结果之和的概率分布表

投掷结果数字(随机变量)	概率
2	1/36
3	1/18
4	1/12
5	1/9
6	5/36
7	1/6
8	5/36
9	1/9
10	1/12
11	1/18
12	1/36

投掷骰子后出现的数字就是随机变量即可。随机变量的数值与概率相对应的数据,转换为表格之后被称为概率分布表。当然,仅凭这些知识还无法理解概率和统计之间的联系,下面我将继续介绍概率和统计之间的联系。

39

可以将概率分布表转换为
统计学中经常出现的直方图

投掷一次骰子的结果
概率分布表

投掷结果数字（随机变量）	概率
1	1/6
2	1/6
3	1/6
4	1/6
5	1/6
6	1/6

投掷两次骰子的结果之和
概率分布表

投掷结果数字（随机变量）	概率
2	1/36
3	1/18
4	1/12
5	1/9
6	5/36
7	1/6
8	5/36
9	1/9
10	1/12
11	1/18
12	1/36

转换为直方图

转换为直方图

它与频数分布表一样也可以转换为直方图。

通过概率分布可以使概率更接近统计

实际上，如果使用了记录随机变量的概率分布表，就可以像频数分布表一样制作出直方图并进行统计处理。此外，前文中频繁出现的平均值、方差和标准差等统计学数值也可以通过随机变量或概率分布计算出来。另外，平均值在概率中通常被称为"期望值"，是将每次随机结果的出现概率乘以其结果得出的数值相加所得到的数值总和。

第一章 统计学超基础入门知识

通过概率分布就能够在
统计中得出常见数值

以概率分布中的所有数值为基础进行平均计算后得出的数值

平均值（期望值）

某概率分布中随机变量的大概数值。

随机变量	x_1	x_2	～	x_n
概率	P_1	P_2	～	P_n

平均值（期望值）
$= x_1 P_1 + x_2 P_2 + \cdots + x_n P_n$

例 投掷一次骰子的结果期待值是多少？

$1 \times \dfrac{1}{6} + 2 \times \dfrac{1}{6} + 3 \times \dfrac{1}{6} + 4 \times \dfrac{1}{6} + 5 \times \dfrac{1}{6} + 6 \times \dfrac{1}{6} = 3.5$

例 巨额彩票的期待值是多少？

级别	奖金	概率
1等奖	30 000 000日元	0.000 01%
1等前后奖①	10 000 000日元	0.000 02%
1等差组奖②	100 000日元	0.000 99%
2等奖	5 000 000日元	0.000 2%
3等奖	1 000 000日元	0.001%
4等奖	10 000日元	0.2%
5等奖	3 000日元	1.0%
6等奖	300日元	10%

300 000 000日元 × 0.000 000 1 +
100 000 000日元 × 0.000 000 2 +
100 000日元 × 0.000 009 9 +
5 000 000日元 × 0.000 002 +
1 000 000日元 × 0.000 01 +
10 000日元 × 0.002 +
3 000日元 × 0.01 +
300日元 × 0.1
= 约151日元

假设一张彩票的售价为300日元，那么每张预计亏损150日元！

---

① 1等前后奖：指与彩票一等奖组别相同且位于中奖数字左右的号码。例如，假设获得彩票一等奖的数值为"第39组153 893号"，那么"第39组153 892号"和"第39组153 894号"即为1等前后奖。——译者注

② 1等差组奖：指与彩票一等奖数字相同但组别不同的彩票号码。例如，假设获得彩票一等奖的数值为"第39组153 893号"，那么"第45组153 893号"和"第67组153 893号"等均为1等差组奖。——译者注

随机变量的偏差情况①

方差

数值本身没有意义，它主要反映期望值的偏差程度

以上一页中的概率分布表为例，假设平均值（期望值）为 m，那么

$$方差 = (x_1 - m)^2 P_1 + (x_2 - m)^2 P_2 + \cdots + (x_n - m)^2 P_n$$

随机变量的偏差情况②

标准差

它主要反映概率分布中期望值的偏差程度

$$标准差 = \sqrt{方差}$$

$$= \sqrt{(x_1 - m)^2 P_1 + \cdots + (x_n - m)^2 P_n}$$

方差和标准差较大

如果方差和标准差较大，那么直方图就会呈现出较低缓的形状。

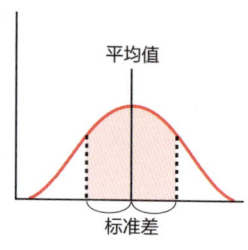

方差和标准差较小

如果方差和标准差较小，那么直方图就会呈现出较高耸的形状。

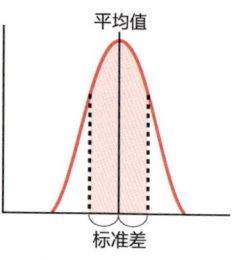

例

投掷一次骰子的方差和标准差是多少？

$$方差 = (1 - 3.5)^2 \frac{1}{6} + (2 - 3.5)^2 \frac{1}{6} + (3 - 3.5)^2 \frac{1}{6} +$$

$$(4 - 3.5)^2 \frac{1}{6} + (5 - 3.5)^2 \frac{1}{6} + (6 - 3.5)^2 \frac{1}{6} \approx 2.92$$

$$标准差 = \sqrt{方差} = \sqrt{2.92} \approx 1.71$$

如果多次投掷骰子的话，那么点数的平均值很有可能在 1.79～5.21 之间！

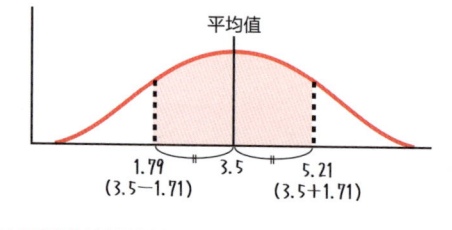

1.79　3.5　5.21
(3.5−1.71)　(3.5+1.71)

投掷骰子的结果大多处于 2～5 之间。

原来是这样！

第一章 统计学超基础入门知识

概述

▍从专业术语的角度来看，关于事件和概率的基础知识较难理解，但只要了解其内容的核心点就能够将其轻松掌握。

▍个案数包括重视要素排列顺序的"排列"和无须在意排列顺序的"组合"两种形式。

▍概率的计算方法为某事件的样本点个数/必然事件的样本点个数。只要符合条件，不同概率可以实现叠加。

公式一览表

假设概率分布表如右图所示，那么平均值、方差和标准差的计算公式如下。

概率分布表

随机变量	x_1	x_2	x_n	合计
概率	P_1	P_2	P_n	1

$$平均值 = x_1 P_1 + x_2 P_2 + \cdots + x_n P_n$$

假设平均值为 m，那么

$$方差 = (x_1 - m)^2 P_1 + (x_2 - m)^2 P_2 + \cdots + (x_n - m)^2 P_n$$

$$标准差 = \sqrt{(x_1 - m)^2 P_1 + (x_2 - m)^2 P_2 + \cdots + (x_n - m)^2 P_n}$$

这将会变得非常重要！

第二章

统计学时刻陪伴你左右

统计学的
分析思路

为了掌握统计学的基础分析能力，我们首先要了解正态分布、二项分布、估计、检验和相关分析这五种思维方式。与此同时，通过观察这些在我们身边被广泛应用的例子就会明白统计学其实一直陪伴我们左右。

专栏

2

与人类的直觉相悖？！
不可思议的概率世界

如果中奖率是1%，那么抽奖100次就会中奖1次？！

在这里，我要冒昧地问大家是否知道"智能手机扭蛋"？智能手机游戏中的这款抽签游戏是现实生活中一款叫作"扭蛋机"的游戏的虚拟再现。所谓"扭蛋机"就是在人们将硬币投入机器、转动手柄后就会出现圆蛋型胶囊玩具的游戏机。在通过手机玩这款游戏的时候，是否遇到过"出现稀有物品的概率是1%"这样的提示呢？那么在这种情况下，是不是抽100次就一定能够中奖1次呢？

就现实中的游戏装置而言，如果标明中奖概率是1%的话，那么就会在包含100个胶囊的游戏机中放置1个玩具，这样就一定会在100次扭动中中奖一次。那么智能手机扭蛋游戏也会如此吧？

仔细想来的确如此，但因为是手机抽奖游戏，所以即使抽了一次，里面所包含的内容也不会减少。因此，**无论抽第1次还是第100次，抽不中的概率都是$\frac{99}{100}$**，所以即使连续抽100次，也有$\left(\frac{99}{100}\right)^{100}$（约36.6%）的概率不中。换言之，大约会有三分之一的人连续抽100次也无法中奖。（当然概率有可能随着抽签次数而改变，所以不能一概而论）

综上所述，人们对概率的印象和实际情况往往有所偏差。对此，我们可以以"蒙提·霍尔问题"为例进行讨论。

猜中概率发生变化？！不可思议的蒙提·霍尔问题

蒙提·霍尔问题出自美国一档电视游戏节目，该名称来自该节目的主持人的名字蒙提·霍尔（Monty Hall）。虽然问题很简单，但在美国引起了数学研究者的争论。游戏规则如下。

❶ **玩家面前有A、B、C三扇门，其中一扇门背后有豪华礼品（中奖），其余两扇门背后空无一物。玩家需要从三个门中选择其中一个。**

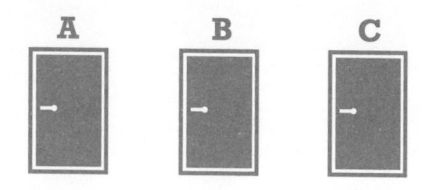

例 假设玩家选择了A门。

❷ **主持人从剩余两扇门中选择一扇后面没有豪华礼品的门打开。**

例 主持人从B门和C门中选择一扇背后空无一物的门打开。

❸ **主持人之后会问参赛者为了获得豪华礼品要不要换另一扇仍然关闭着的门。**

那么，玩家到底该不该换另外一扇门呢？

许多人会认为反正选择任何一扇门的中奖概率都是$\frac{1}{3}$，那么换成另外一扇门也没有关系。

实际上，如果在步骤❸中改变选择打开另外一扇门，那么豪华商品的中奖概率会陡然增加一倍。或许会有人感觉很不可思议吧？实际上，如果在相同的情况下进行多次重复实验或者用计算机进行模拟实验的话，就会发现改变选择会使获胜概率翻倍。

关于这个问题有着各种各样的解释，其中饼状图提供的解释是最直观简单的。

关于蒙提·霍尔问题的简单解说

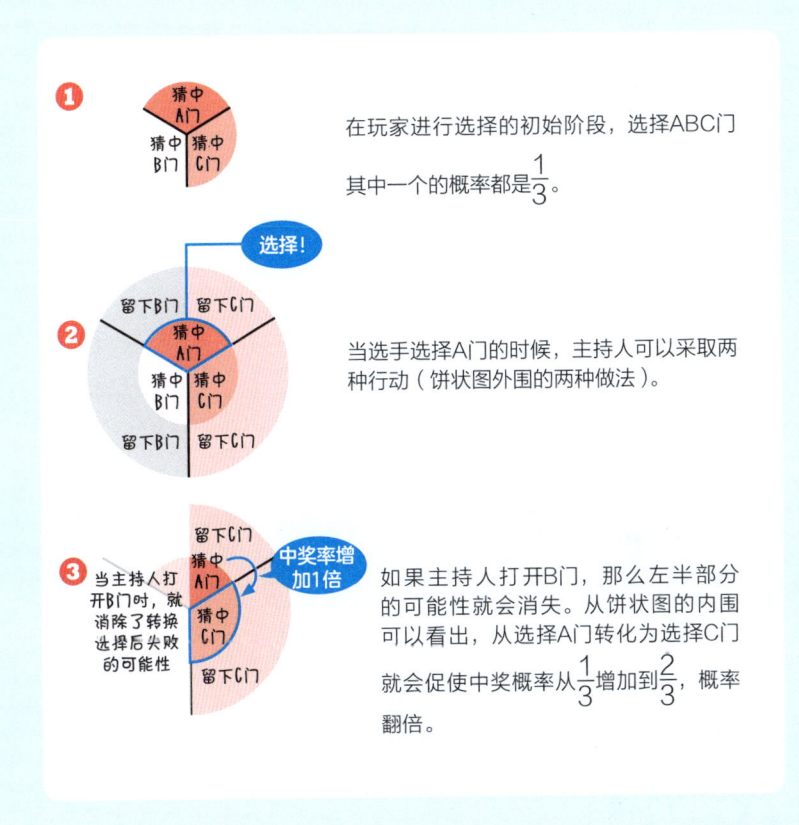

❶ 在玩家进行选择的初始阶段，选择ABC门其中一个的概率都是$\frac{1}{3}$。

选择！

❷ 当选手选择A门的时候，主持人可以采取两种行动（饼状图外围的两种做法）。

❸ 当主持人打开B门时，就消除了转换选择后失败的可能性

中奖率增加1倍

如果主持人打开B门，那么左半部分的可能性就会消失。从饼状图的内围可以看出，从选择A门转化为选择C门就会促使中奖概率从$\frac{1}{3}$增加到$\frac{2}{3}$，概率翻倍。

在概率问题上经常会发生与人类直觉出现偏差的情况。这种问题的存在或许也是研究概率的乐趣之一。

1 被称为『统计学之王』提供俯瞰全局的视角的 **正态分布**

这无疑是最重要的!

某企业的销售额直方图

特征2

不仅适用于频数，也适用于概率分布

正态分布不仅体现在频数上，而且还适用于概率分布。

无用员工人数 少

人数

低

这就是正态分布！

被称为"统计学之王"的正态分布是最常见的分布类型

在统计学中，"正态分布"是绝对无法忽视的王者般存在。大多数统计学理论的前提条件都要求数据大致呈正态分布。那么，究竟什么才是正态分布呢？

第二章 统计学的分析思路

特征1

符合现实中很多数据的分布情况！

正态分布的英语是"normal distribution",也可译为"常态分布"。换言之,身边的许多数据都可以按照这种方式进行分布。

正态分布的数据事例

标准测试结果、普通飞镖结果、身高、降水量和工作误差,等等。

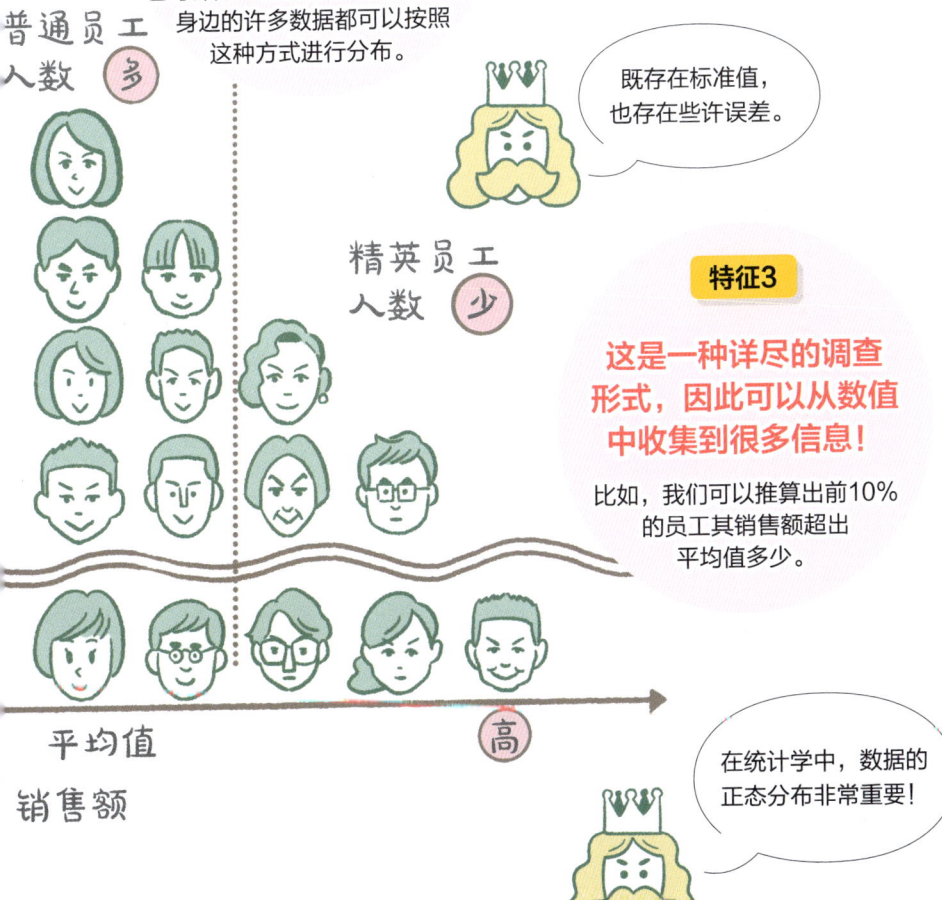

> 既存在标准值,也存在些许误差。

普通员工人数 **多**

精英员工人数 **少**

特征3

这是一种详尽的调查形式,因此可以从数值中收集到很多信息！

比如,我们可以推算出前10%的员工其销售额超出平均值多少。

平均值 → **高**
销售额

> 在统计学中,数据的正态分布非常重要！

它是一种最自然、最普通的分布状态。平均值数据最多且出现频率较高的直方图就是一种近似于正态分布的状态。其主要特征是通过详尽的调查来从数值中收集到大量信息。

特征 1

因为正态分布是最自然普通的分布状态，所以适用于大量数据

在大多数正态分布中都要确定一个大概数值，且数值分布数量随着与该数值距离的增加而减少。右边列举出了它的三个主要特征。

正态分布的特征

① 单峰的形状；
② 以"山峰"为中心左右对称；
③ 距离"山峰"越远越接近0。

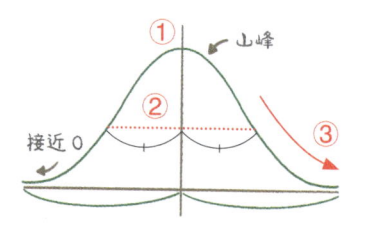

①→山峰
②→接近0
③

特征 2

不仅适用于频数，也适用于概率分布

概率分布的正态分布也是如此。期望值（平均值）的概率较高，且与峰值离得越远概率越低。如果压缩直方图的组限，那么就会接近曲线的图形。曲线内的面积是概率的总和，所以它等于1（100%）。

概率密度函数

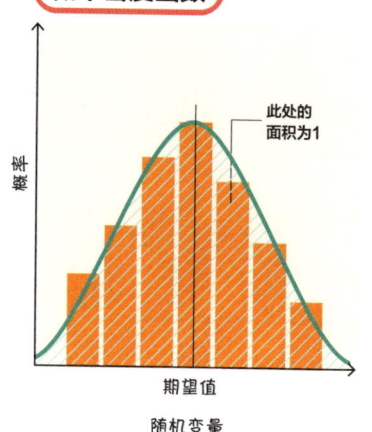

此处的面积为1

概率

期望值

随机变量

如果能够正确地判断正态分布，就能够掌握许多信息

在我们身边和自然界中会经常出现正态分布的情况。直方图中平均值数据最多且会随着左右距离的增加而逐渐接近0，呈现出左右对称的平缓山峰形状。除了频数分布以外，在概率分布中也存在正态分布。如

特征 3

通过详尽的调查来获得大量信息

在把握正态分布各种性质的基础上进行标准化操作，就能简单地了解数据数值与数值分布位置之间的关系（详见下一页）。

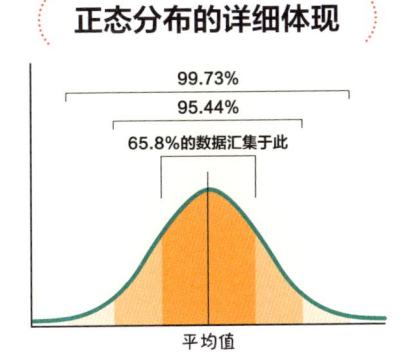

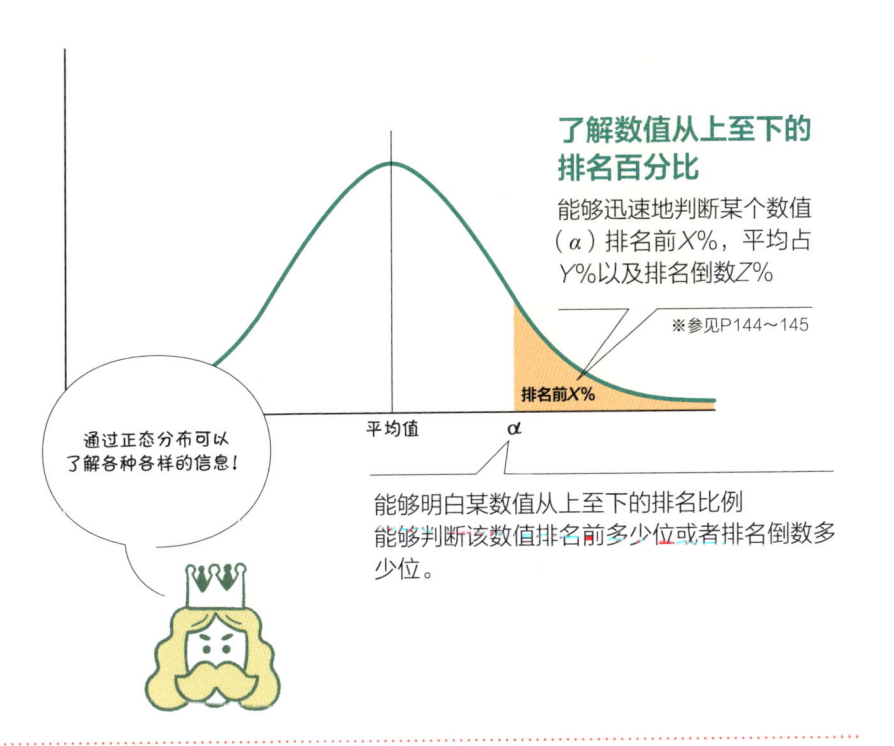

正态分布的详细体现

99.73%
95.44%
65.8%的数据汇集于此

平均值

了解数值从上至下的排名百分比

能够迅速地判断某个数值（α）排名前X%，平均占Y%以及排名倒数Z%

※参见P144～145

排名前X%

平均值　α

能够明白某数值从上至下的排名比例
能够判断该数值排名前多少位或者排名倒数多少位。

通过正态分布可以了解各种各样的信息！

果实际数据属于正态分布，那么就很容易得出"整体的前10% = 平均值 + X"以及"平均值 + 10 = 整体的前X%"等信息。

公式一览表
虽然有点难
但正态分布也可以用公式表

正态分布图的公式如下。从公式中可以看出,只有标准差和平均值会因数据不同而出现差异,但是图表的形状就是由这两个数值决定的。

通过公式和图表来看正态分布

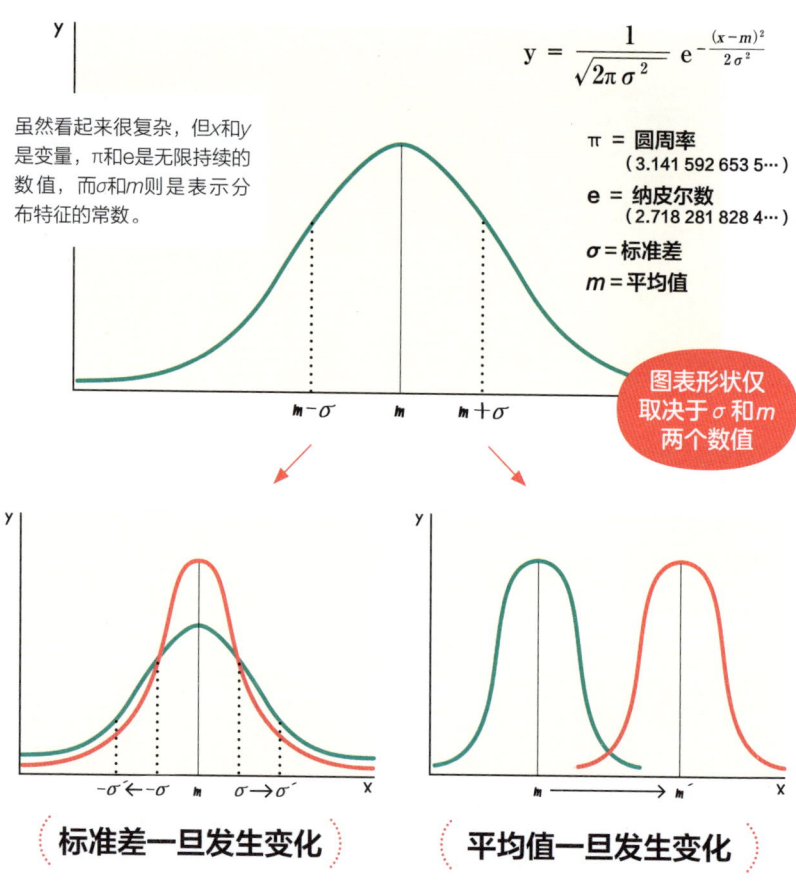

$$y = \frac{1}{\sqrt{2\pi\sigma^2}} e^{-\frac{(x-m)^2}{2\sigma^2}}$$

虽然看起来很复杂,但 x 和 y 是变量,π 和 e 是无限持续的数值,而 σ 和 m 则是表示分布特征的常数。

π = 圆周率
(3.141 592 653 5…)
e = 纳皮尔数
(2.718 281 828 4…)
σ = 标准差
m = 平均值

图表形状仅取决于 σ 和 m 两个数值

标准差一旦发生变化
顶点的位置不变,曲线的形状变化。

平均值一旦发生变化
同样形状的图形会左右移动。

Ⅱ 将正态分布转换成更简单的
标准正态分布
就会更容易理解

对上一页的公式进行标准化操作后,就会得到标准差为1、平均值为0的标准正态分布。通过这种方式就可以从正态分布图中得出数据数值和数值位置的关系。

标准正态分布示意图

$$y = \frac{1}{\sqrt{2\pi}} e^{-\frac{x^2}{2}}$$

假设随机变量 $T = \frac{x-m}{\sigma}$

(标准化),那么平均值为0、标准差为1的标准正态分布就可以用

$$y = \frac{1}{\sqrt{2\pi}} e^{-\frac{x^2}{2}}$$

这一公式来表示。

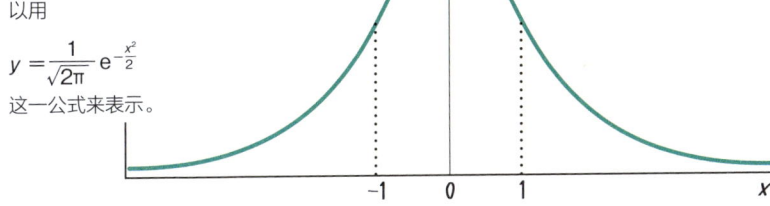

〈使用正态分布图〉

①通过数值调查比例
我们要调查的数值(0.12)位于距离底部54.78%的位置。

②通过比例调查数值
距离底部54.78%的位置上的数值为0.12。

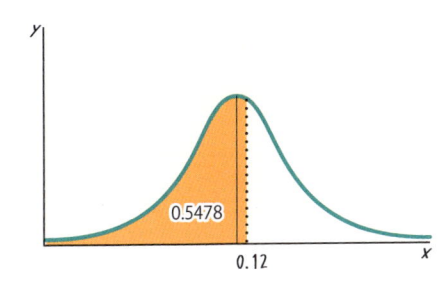

正态分布图	
0.00	0.500
0.01	0.504
0.02	0.508
0.03	0.512
0.04	0.516
0.05	0.519 9
0.06	0.523 9
0.07	0.527 9
0.08	0.531 9
0.09	0.535 9
0.10	0.539 8
0.11	0.543 8
0.12	0.547 8
0.13	0.551 7
0.14	0.555 7

※参见P144~145

1.1 正态分布与**教育**

偏差值表示自己在整体中的位置

【偏差值】

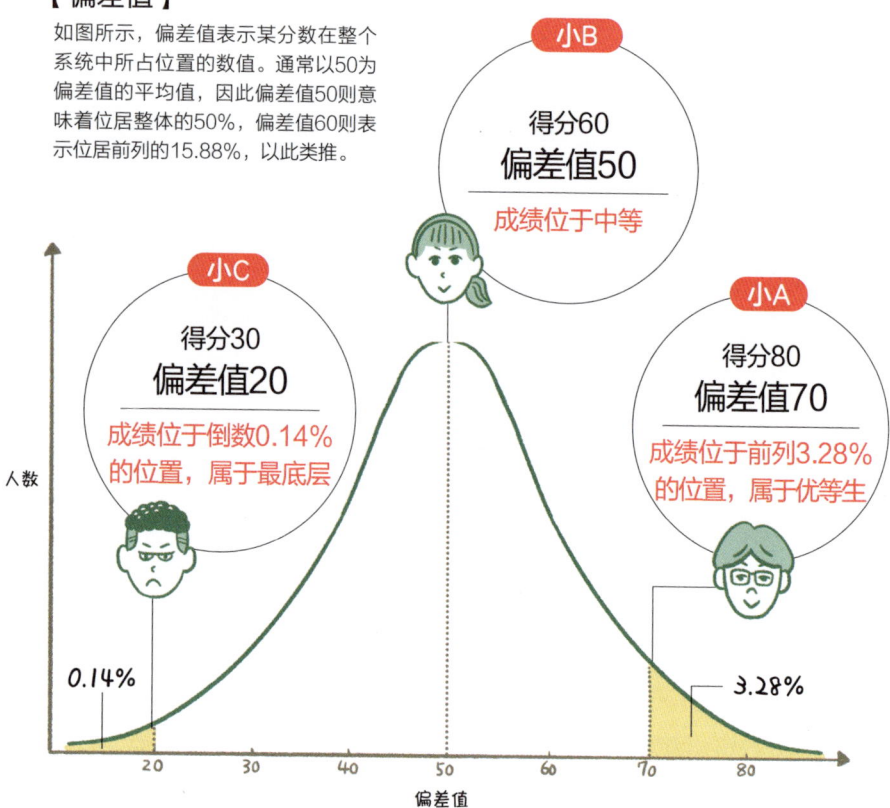

如图所示，偏差值表示某分数在整个系统中所占位置的数值。通常以50为偏差值的平均值，因此偏差值50则意味着位居整体的50%，偏差值60则表示位居前列的15.88%，以此类推。

小B
得分60
偏差值50
成绩位于中等

小C
得分30
偏差值20
成绩位于倒数0.14%的位置，属于最底层

小A
得分80
偏差值70
成绩位于前列3.28%的位置，属于优等生

人数

0.14%   3.28%

20　30　40　50　60　70　80
偏差值

偏差值是指考试得分呈正态分布的数值

在进行调查的时候，即使是未能把握实际分布状况的数据也会被认为是最自然的正态分布而被加以利用。其中，最具代表性的就是模拟考试中出现的偏差值。偏差值是将全体应试生的得分视为正态分布并表示出某个人的得分在整体中所处位置的数值。如果是难以拉开考生得分差

54

如果该考试难度较大且绝大部分人的分数都集中在平均值左右的话……

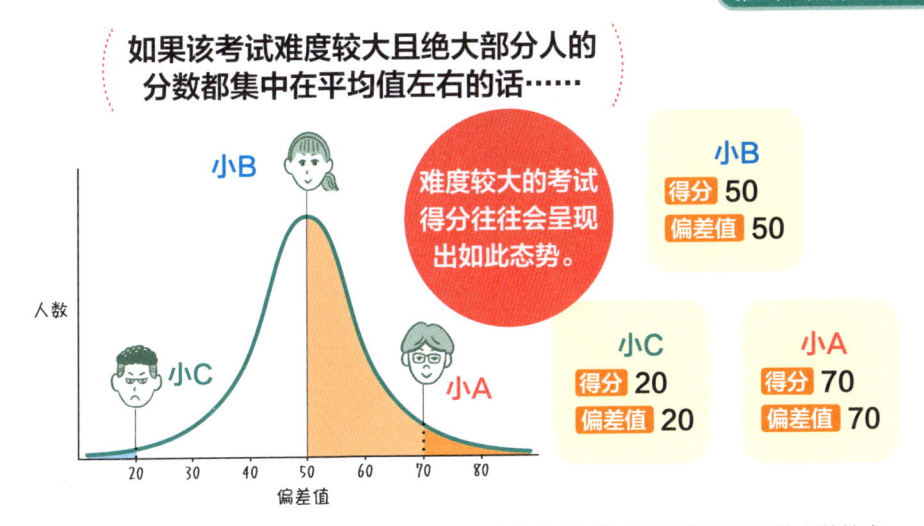

难度较大的考试得分往往会呈现出如此态势。

小B	
得分	50
偏差值	50

小C	
得分	20
偏差值	20

小A	
得分	70
偏差值	70

难度较大的考试得分会呈现出绝大部分人的分数都集中在平均值且高分人数较少的态势。

考试试题有难度差异且考生得分各不相同的时候……

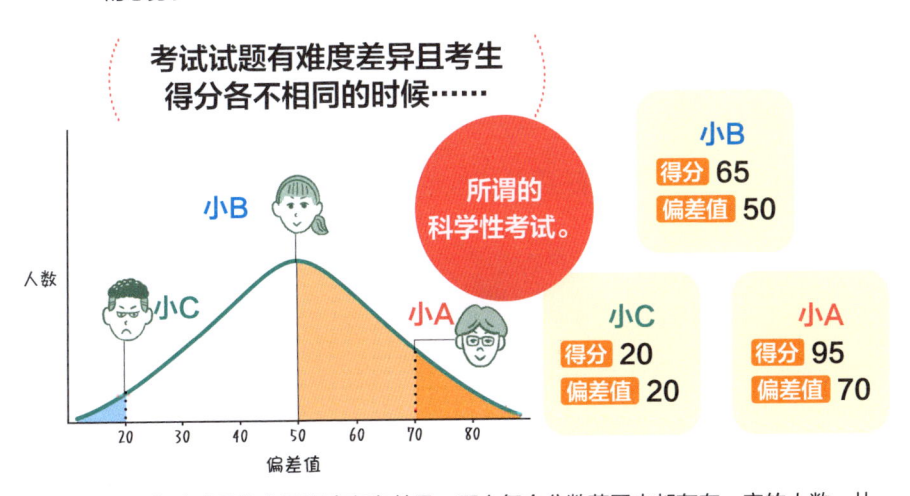

所谓的科学性考试。

小B	
得分	65
偏差值	50

小C	
得分	20
偏差值	20

小A	
得分	95
偏差值	70

如果考试试题的难易程度存在差异，那么每个分数范围内都存在一定的人数，从而构成一个平缓的直方图。

距的难度较大的考试，那么偏差值直方图就会呈现出尖耸的态势；如果考试试题有难度差异并能够拉开学生得分差距的话，那么偏差值直方图就会呈现出平缓的态势。

偏差值的计算公式

$$偏差值 = \underbrace{\frac{个人成绩 - 平均值}{标准差}}_{①} \underbrace{\times 10 + 50}_{②}$$

①关键在于自我偏差是标准偏差的几倍

偏差值的关键在于自我偏差,即个人成绩与平均分的差距是标准差的几倍。要想让偏差值达到60以上,就必须超过标准差。

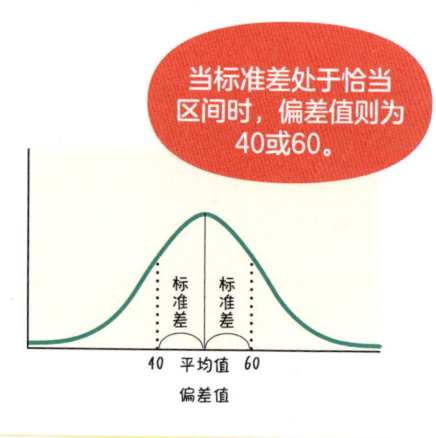

> 当标准差处于恰当区间时,偏差值则为40或60。

②为了便于理解,可以在乘以10的基础上再加上50

虽然从本质上看,①的表述方式也没有问题,但是与直接列举出"0.8"或"-1.2"等偏差值相比,倒不如以50分为平均值,用"58"来代替"0.8",用"38"代替"-1.2"。换言之,就是为了便于理解,可以在乘以10的基础上再加上50。

> 比起偏差值0.8,偏差值58更容易理解!

将自我偏差与标准差进行比较

　　偏差值的计算方法就是将自我偏差与标准差按照比例分别乘以10,然后再加上50。如P57的图所示,我们能够很快地把握自己所得分数位于上、中、下的哪一阶段。

偏差值的特征

即使是在平均分不同的考试中，考生也能够知道自己位于前列（下游）的位置

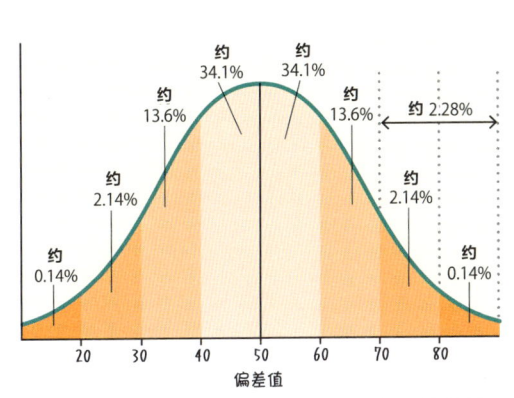

约 34.1%
约 34.1%
约 13.6%
约 13.6%
约 2.28%
约 2.14%
约 2.14%
约 0.14%
约 0.14%

偏差值

以10为单位对偏差值进行划分，并表示偏差值占整体的百分之几。

当直方图呈现出双峰态势之时，偏差值是不可靠的。

问题难易度有很大差异的考试

当直方图呈现出双峰态势之时，就无法与左侧图保持相同比例。

例 总分相同的小A和小B谁更优秀？

考试得分
英语考试 ▶ 平均分 60分 偏差值 ▶ 25
数学考试 ▶ 平均分 60分 偏差值 ▶ 6

小A
英语 65分
数学 75分
合计 140分

小B
英语 75分
数学 65分
合计 140分

英语 $\dfrac{65-60}{25} \times 10 + 50 = 52$ 偏差值

数学 $\dfrac{75-60}{6} \times 10 + 50 = 75$ 偏差值　**很优秀！**

英语 $\dfrac{75-60}{25} \times 10 + 50 = 56$ 偏差值

数学 $\dfrac{65-60}{6} \times 10 + 50 = 58$ 偏差值

小A和小B的数学和英语的总分是一样的，但是从偏差值来看，小A的数学成绩是超棒的！

1.2 正态分布与**金融**

信用卡公司的**信用卡额度**会运用正态分布模型

> 那张信用卡不能使用！

> 已经限额了吗？！我没带现金！

1个月的信用卡使用金额（例）

超过虚线的部分就是损失

信用卡公司的损失

超过限额就会给信用卡公司带来损失。

限额（5万日元）

使用金额

1月 2月 3月 4月 5月 6月 7月

兼顾利益和风险的信用卡限额

　　正态分布经常被用作设定信用卡额度的模型。对于信用卡运营公司而言，信用卡使用金额越多则收益越高，但是如果使用金额过多的话就会出现支付问题。从每月使用金额的正态分布来看，限额少于使用金额

设定信用卡额度的思路

使用金额模型

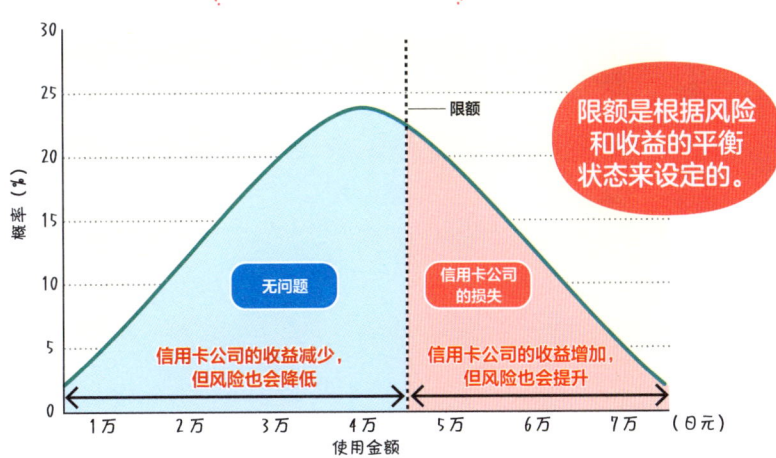

限额是根据风险和收益的平衡状态来设定的。

- 无问题
- 信用卡公司的损失
- 信用卡公司的收益减少，但风险也会降低
- 信用卡公司的收益增加，但风险也会提升

限额设定逻辑

图例：信用卡公司的收益 — 信用成本 — 利润

最佳限额

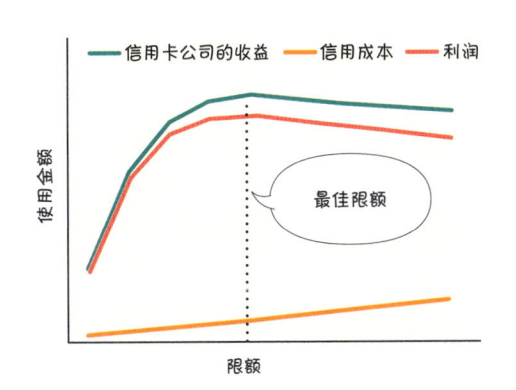

限额是利润最大化的分界点

通过信用卡公司的收益和防止出现支付问题的信用成本之间的差异推导出最大利润区间，这样就可以确定额度了。

就不会出现问题（上图中的蓝色部分），但如果持续月份较长的话（上图中的红色部分），则会给信用卡公司带来损失。因此，我们要通过限额设定逻辑来确定最佳限额。

2 现实中常见的**二项分布**被称为「统计学王子」

许多人在高中时代就放弃了对其进行学习……

能不能投掷出某个点数？

收不收看电视节目？

新研发的药物管不管用？

产品是否合乎规格？

有没有患上那种疾病？

这些结果就是二项分布！

二项分布是指两个对立事件的概率分布

二项分布是指在进行多次试验时，结果发生概率为A%，不发生的概率为（100-A）%的一种概率分布。例如，当你投掷6次骰子时，得到点数1的概率

尝试次数较少的话就会出现奇怪形状的直方图。但是随着次数的增加……

根据P63的计算公式可以得出如下概率。其中，出现1次的概率约占4成，是所有频率中最高的。

投掷6次骰子出现点数1的概率分布表

点数1出现次数	0	1	2	3	4	5	6
点数1出现概率	0.335	0.402	0.201	0.054	0.008	0.001	0

投掷6次骰子出现点数1的概率

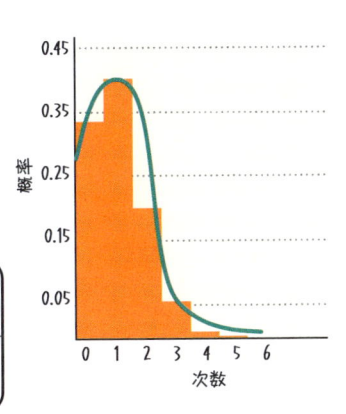

投掷6次骰子出现点数1的概率分布表

稍微接近正态分布

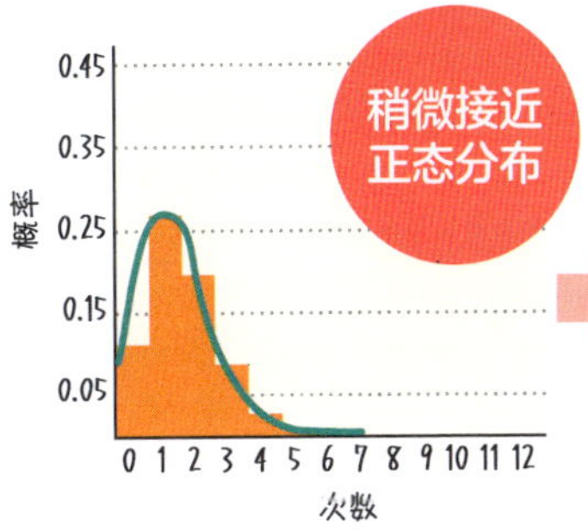

随着投掷骰子的次数增加，出现点数1的概率越来越接近正态分布

投掷6次骰子出现点数1的概率分布表

越来越接近正态分布！

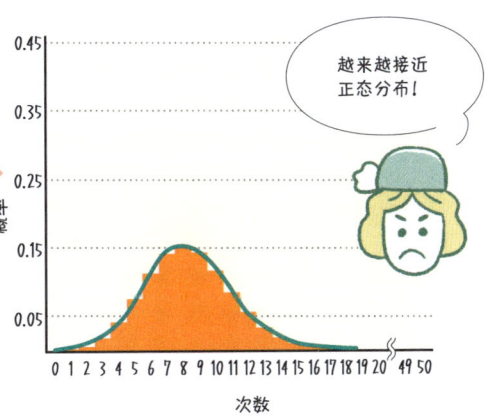

是 $\frac{1}{6}$，而得不到点数1的概率是 $\frac{5}{6}$。虽然仅凭上方概率分布表和直方图无法进行准确判断，但分布态势会随着投掷次数的增加而逐渐接近正态分布。这就是二项分布的特征。

二项分布会随着试验次数的增加而逐渐近似正态分布

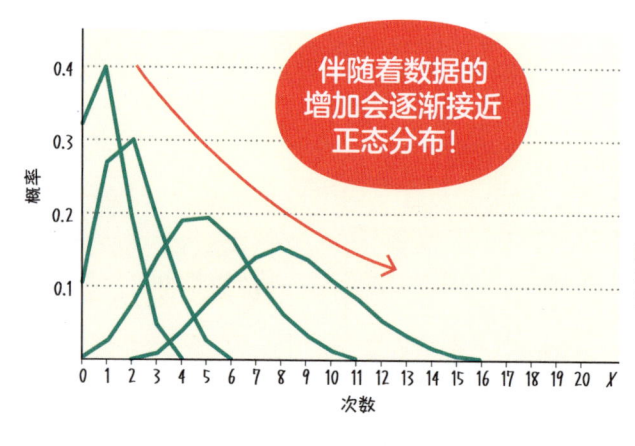

伴随着数据的增加会逐渐接近正态分布！

随着数据数量的增加，二项分布会越来越接近正态分布。

二项分布的优势

能够非常轻松地算出平均值（期望值）、方差和标准差

假设试验次数是 n，概率是 P，

平均值（期待值）$=nP$
方差 $=nP(1-P)$
标准差 $=\sqrt{nP(1-P)}$

一般情况下，这些数值都是很难计算的！

通过二项分布可以进行简单计算！

　　随着试验次数的增加，二项分布会逐渐趋向正态分布。但是，二项分布作为一种概率分布也有独有的特征。比如，通过一般的概率分布来计算期望值和方差是非常困难的，但是利用二项分布就可以像上述那样简单地计算出结果。

公式一览表

\ 只需稍微理解就可以掌握 /

二项分布中的概率分布计算

在独立试验中，我们将某事件发生的概率设为 P。假设进行 n 次试验且该事件发生的次数为 k，则其概率如下所示。

$$C_n^k P^k (1-P)^{n-k}$$

例 投掷6次骰子出现1次点数为1的概率

$$C_6^1 \left(\frac{1}{6}\right)^1 \left(1-\frac{1}{6}\right)^5 = 0.402$$

投掷6次		投掷12次		投掷50次	
点数1出现次数	点数1出现概率	点数1出现次数	点数1出现概率	点数1出现次数	点数1出现概率
0	0.335	0	0.112	0	0
1	0.402	1	0.269	1	0.001
2	0.201	2	0.296	2	0.005
3	0.054	3	0.197	3	0.017
4	0.008	4	0.089	4	0.040
5	0.001	5	0.028	5	0.075
6	0	6	0.007	6	0.112
		7	0.001	7	0.140
		8	0	8	0.151
		9	0	9	0.141
		10	0	10	0.116
		11	0	11	0.084
		12	0	12	0.055
				13	0.032
				14	0.017
				15	0.008
				16	0.004
				17	0.001
				18	0.001
				19	0
				50	0

我们可以用 B(n, P) 来表示二项分布。

二项分布与**制造**

制造业和服务业保持高品质的秘诀是<u>六西格玛</u>

六西格玛的目标在于减少误差

在制造业中，我们也可以二项分布的方式来表示产品的优劣。六西格玛（6σ）是一种旨在减少残次品的管理方式。其中，西格玛（σ）在统计学上用来表示标准差，σ值越大就意味着缺陷或错误越少。六西格玛（6σ）也就是6倍标准差，换言之，就是要将优质品控制在6σ的范围

实行六西格玛之后

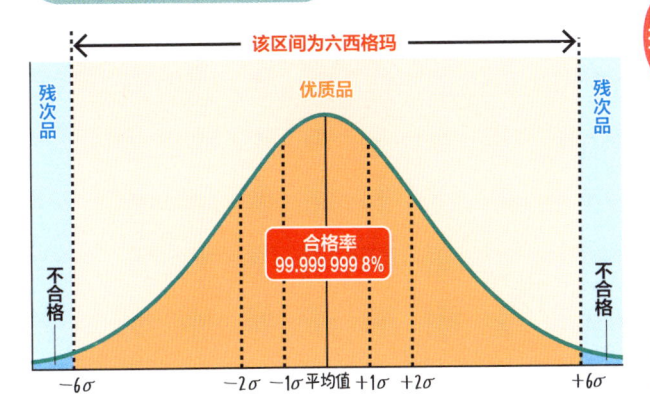

该区间为六西格玛

残次品 | 优质品 | 残次品
不合格 | 合格率 99.999 999 8% | 不合格

-6σ -2σ -1σ 平均值 $+1\sigma$ $+2\sigma$ $+6\sigma$

将残次品发生率控制0.000 000 2%左右!

六西格玛是将不良品发生率降到最低的管理方式。

例 在误差允许范围为±1mm的产品中增加优质品数量

即使在2σ的情况下,残次品发生率也约占5%

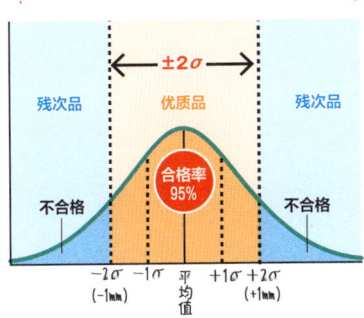

±2σ

残次品 | 优质品 | 残次品
不合格 | 合格率 95% | 不合格

-2σ -1σ 平均值 $+1\sigma$ $+2\sigma$
(-1mm) (+1mm)

在2σ的情况下,合格率约95.45%。虽然感觉精准度很高,但从六西格玛的角度来看完全行不通。

增加优质品数量

±4.7σ 优质品

残次品 | 优质品 | 残次品
不合格 | 合格率 99.999 7% | 不合格

-4.7σ 平均值 $+4.7\sigma$
(-1mm) (+1mm)

处于平均水平的产品基数很大!

要想增加优质品的比例,就必须争取提升处于平均水平的产品质量。

内从而减少残次品的数量。具体来说,就是100万件产品中只允许出现3~4个残次品。以此为目标来努力提高精确度的管理改善框架被称为"六西格玛",现在经常被许多销售部门和服务业用于提高顾客满意度。

3 估计是一种从部分看整体、从现在到未来的超能力

你知晓未知事物吗？

步骤1

仅通过抽取的数据进行"点估计"

首先要对通过抽样调查等方式获取的部分数据进行解析，即"点估计"。

> 这是最简单的估计步骤。请大家思考一下这张照片原来是什么样子。

> 首先只考虑能看到的部分。

通过抽样调查把握整体情况！

接下来要介绍的是统计学中的估计。正如前文所述，在现实的调查中会存在诸如"数量过多"或"实际上不可能实现（例如对出库前的所有罐头进行开盖

第二章 统计学的分析思路

步骤2

究竟是可能性较大的高度模糊，还是可能性较小的低度清晰——确定置信水平

确定可作为精准度的"置信水平"。精准度越高，结果就越模糊。

此次可能性较小的低度清晰的可靠度为90%。

可能性较小的低度清晰　可能性较大的高度模糊

步骤3

基于方向性，通过整体样本来进行区间估计

考虑样本整体的数据数量等因素来进行有幅度的区间估计。

如果是90%概率的话，那么这张照片应当是这个样子。

能够大约看到全体的 $\frac{1}{6}$，而且还是住宅区……

检查）"等原因，最终只能选择抽样调查方式来抽取部分检查对象。此时，通过部分推断整体的方法就是"估计"。其基本流程如下：①分析提取的数据；②确定估计的清晰度；③进行有幅度的估计。

步骤 1

仅通过样本推断总体概率的
点估计

首先通过随机抽取的样本来对总体进行估计，但这并没有考虑到样本的大小和数据的偏差。

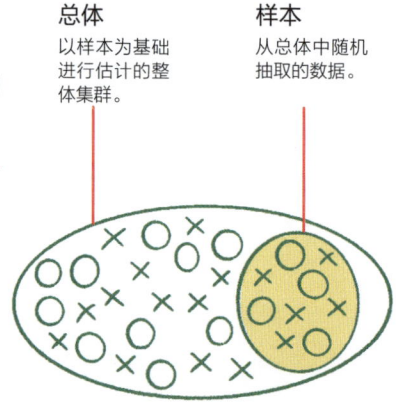

总体
以样本为基础进行估计的整体集群。

样本
从总体中随机抽取的数据。

步骤 2

根据实施的调查来
确定适当的可靠度和
估计幅度

根据调查内容确定估计成立的概率即为"置信水平"。置信水平越高，步骤 3 的区间就越宽泛。电视的收视率的置信水平等被认为是95%。

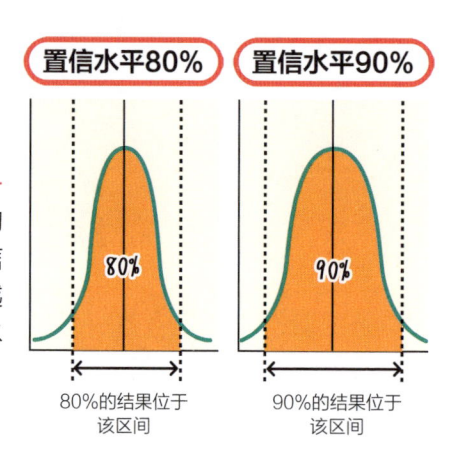

置信水平80%

80%

80%的结果位于该区间

置信水平90%

90%

90%的结果位于该区间

"估计"就是要推测出置信水平和区间

接下来让我们具体来看一下估计的流程。点估计是从总体中提取部分样本来进行调查的操作。以收视率为例，我们只需要通过获得的数据来计算即可。之后根据调查的预期用途来决定置信水平。如果置信水

步骤 3
进行区间估计，确定置信水平的百分比以及结果的范围

最后是区间估计。虽然这需要进行稍微复杂的计算，但如果是标准正态分布或二项分布，就可以利用其特征轻松地计算出结果。

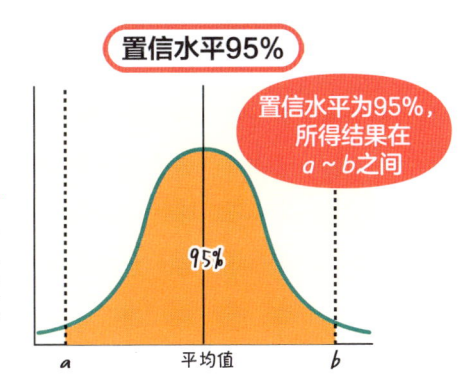

置信水平95%

置信水平为95%，所得结果在 a～b 之间

如果想要提高置信水平并压缩区间来进行估计，就必须大幅增加样本数量

通过增加样本数量就可以缩小置信区间。但是，在计算过程中即便将样本数量提高到原来的100倍，误差也只有 $\frac{1}{10}$，因此需要考虑投入和产出的平衡。

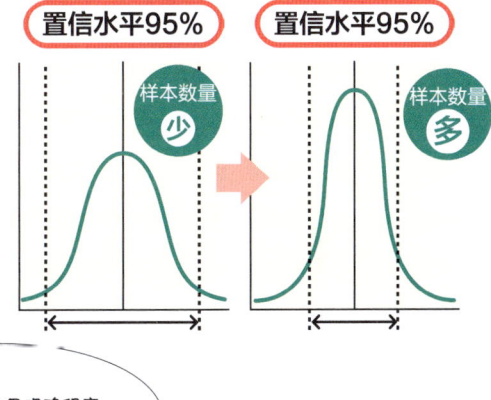

置信水平95%　样本数量 少

置信水平95%　样本数量 多

> 根据必要的结果明确程度来考虑样本的数量。

平为95%，那么就意味着实际收视率在本次推定范围内的可靠概率为95%。最后是区间估计。通过统计学的计算（见下一页）可以推导出可能的区间，这一范围被称为"置信区间"。

公式一览表

估计的现实应用
实际收视率的计算方法

在实际进行估计的时候，必须要用到正态分布和二项分布中的计算。在这里，我们以收视率为例来分析计算过程。

> **例** 日本关东地区的家庭数量（总体）·············1 800万户
> 日本关东地区的调查家庭数量（样本）·············2 700户
> 样本中观看该电视节目的家庭数量·················405户

假设收视率为 p，
那么期望值为 $2\,700p$，而标准差为 $\sqrt{2\,700p(1-p)}$

① 对观看节目的家庭和接受调查的家庭进行点估计

$$p = \frac{405}{2\,700} = 15\%$$ 期望值 = 405   标准差 = 18.6

② 将置信度设定为95%

在电视节目的收视率调查中，人们大多将置信水平设定在95%。

$P(|T| \leqslant 1.96) = 0.95$

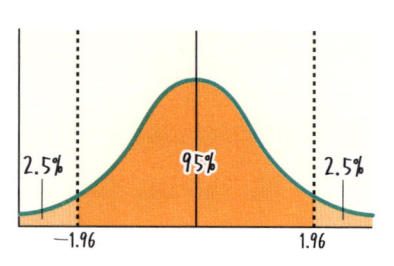

电视节目收视率正态分布

	0	0.01	0.02	0.03	0.04	0.05	0.06	0.07	0.08	0.09
0	0.500	0.496	0.492	0.488	0.484	0.480	0.476	0.472	0.468	0.464
1.6	0.055	0.054	0.053	0.052	0.051	0.049	0.048	0.047	0.046	0.046
1.7	0.045	0.044	0.043	0.042	0.041	0.040	0.039	0.038	0.038	0.037
1.8	0.036	0.035	0.034	0.034	0.033	0.032	0.031	0.031	0.030	0.029
1.9	0.027	0.028	0.027	0.027	0.026	0.026	0.025	0.024	0.024	0.023
2	0.023	0.022	0.022	0.021	0.021	0.020	0.020	0.019	0.019	0.018

③进行区间估计以确定置信水平属于95%范围内的区间

视为标准正态分布 $T = \dfrac{X-m}{\sigma}$

X = 随机变量
m = 期望值
σ = 标准差

套用至 $P(|T| \leq 1.96)$ 代入

$P(|X-m| \leq 1.96\sigma)$ 排除绝对值

这个计算过程有些复杂。

$X - 1.96\sigma \leq m \leq X + 1.96\sigma$

加入点估计值, 填入 $X = 405$, $\sigma = 18.6$, $m = 2\,700p$

$405 - 1.96 \times 18.6 \leq 2\,700p \leq 405 + 1.96 \times 18.6$

$13.6\% \leq p \leq 16.4\%$

如此就完成了估计!

如果置信水平为95%,那么可以估计出收视率在13.6%到16.4%之间。

估计

二项分布与**政治**

新闻中听到的**政府支持率的变动**在统计学上不会呈现出变化？！

> 在此次调查中，政府支持率比上次下降了3个百分点，为40%。

新闻　政府支持率

唉～

请停止下降吧！

估计

从估计的角度来考虑的话，这不能算作是下跌。

政府支持率的真实变化

　　由于无法对全体国民进行调查（工作量庞大且需要大量时间汇总数据），所以政府支持率只能通过估计来进行计算。我们经常会在新闻上看到与上次的调查相比，政府支持率下降了多少点。但事实果真如此

支持率的变化（有效回答数为1 000）

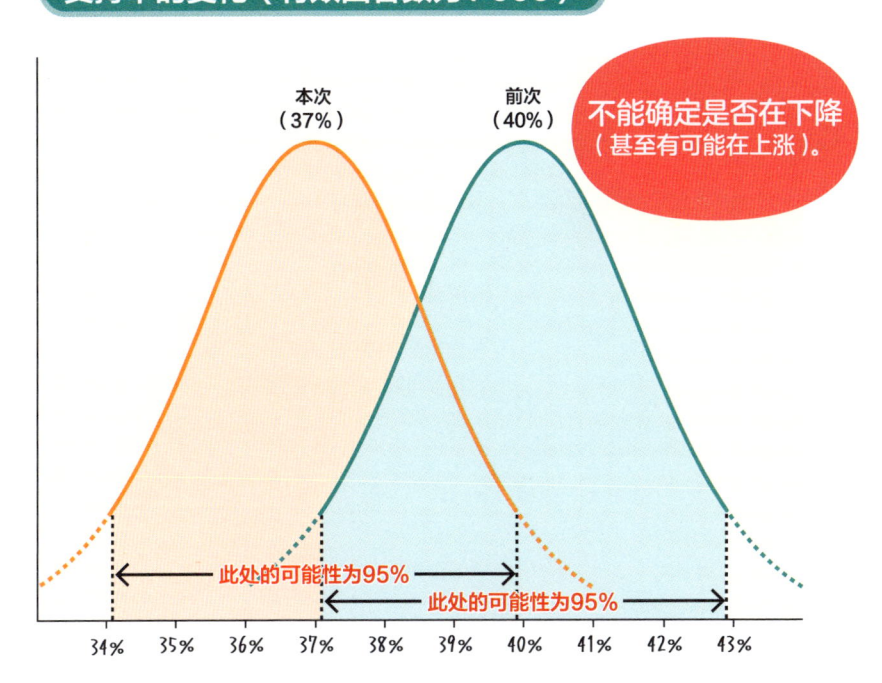

本次（37%）　前次（40%）

不能确定是否在下降（甚至有可能在上涨）。

此处的可能性为95%
此处的可能性为95%

34%　35%　36%　37%　38%　39%　40%　41%　42%　43%

前次 置信水平为95%且支持率处于37.0%~43.0%的区间（40%±3.0%）

本次 置信水平为95%且支持率处于34.1%~39.9%的区间（37%±2.9%）

因为存在重叠范围，所以不能断言下降。

吗？上面的图主要用来表示支持率的变化。我们通过估计只能知道实际支持率处于置信区间之内。但是由于置信区间存在重叠，所以无法判断实际支持率是否真的在下降。

置信水平为95%情况下的政府支持率置信区间基准

有效回答数	支持率 10%或90%	20%或80%	30%或70%	40%或60%	50%
3000	±1.0%	±1.4%	±1.6%	±1.7%	±1.7%
2500	±1.1%	±1.5%	±1.7%	±1.9%	±1.9%
2000	±1.3%	±1.7%	±1.7%	±2.4%	±2.1%
1500	±1.5%	±2.0%	±2.3%	±3.0%	±2.5%
1000	±1.8%	±2.4%	±2.8%	±3.2%	±3.0%
600	±2.4%	±3.2%	±3.6%	±3.9%	±4.0%
500	±2.6%	±3.5%	±4.0%	±4.2%	±4.3%
100	±5.8%	±7.8%	±8.9%	±9.6%	±9.8%

置信区间的计算方法

n = 有效回答数
p = 政府支持率

样本误差

$$= \pm 1.96\sqrt{\frac{p(1-p)}{n}}$$

根据上述计算可以简单地计算置信区间。

活跃在选举节目背后的估计活动

上表显示了在置信水平为95%的情况下政府支持率的误差范围。如果一项有效回答数为2 000左右的新闻节目调查显示支持率为40%，那么实际支持率则在37.6%~42.4%。如果在多次调查中没有出现超过2.4%的差异，那么就无法判断是否真正出现变化。顺便一提，在选举

第二章 统计学的分析思路

顺便一提 在选举过程中，预期票数的重叠现象消失后即可宣布当选人是谁！

(开票率5%)　　(开票率50%)　　(开票率80%)

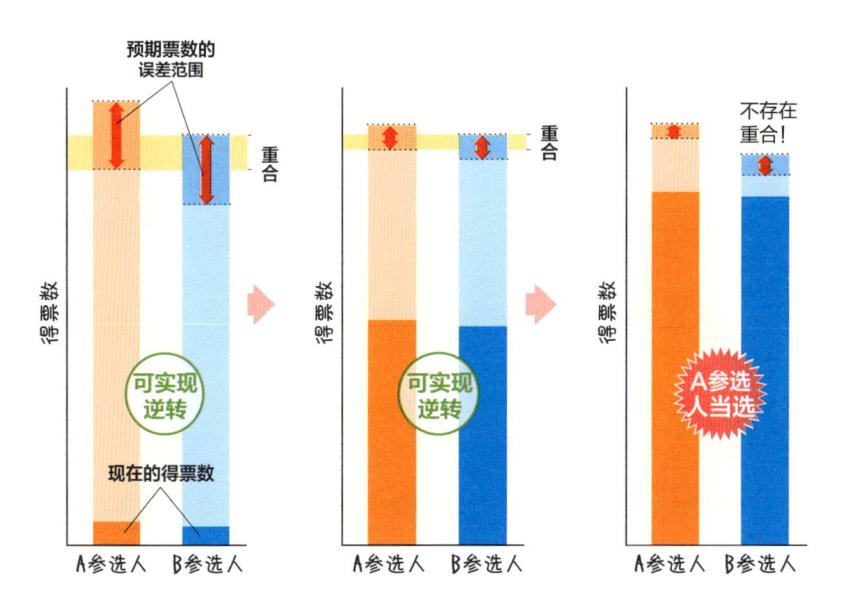

最初的预期票数范围发生重叠

最初时刻的误差范围很大，且与预想范围产生重叠。

预计得票数逐渐减少

虽然预期票数的重叠会逐渐减少，但只要残留些许重叠就有逆转的可能。

如果无法逆转就宣布最终结果

如果预期票数没有出现重叠就会被判定为选举结果不可逆转并宣布当选人是谁。

的新闻速报中看到的"当选"也是利用了置信区间范围。如果在预期票数中出现了超过置信区间的差距，那么就意味着从统计学估计的层面上来讲无法出现选举结果逆转，从而产生当选人。

4 通过统计来支持判断的方式即为检验

在充满迷茫的人生中……

女友有6个男性朋友,以前每天都和不同的男人见面,现在连续5天都和同一个男人见面,她是不是变心了?

用骰子选出罕见的男人

1 提出与主张相反的假设

这只是偶然现象!

2 确定风险率

概率在1%以下就不是偶然了
↓
可以算作变心

好的~

检验能够在我们进行判断时提供客观提示

统计学上的检验是指通过数值来判断某个假设是"正常发生"还是"罕见发生(一般情况下不会发生的小概率事件)",从而帮助我们做出客观判断的

过程。虽然这需要独特的思考方式，但实际操作的流程如下：1. 提出假设；2. 对作为"可能发生"和"极少发生"界限的风险率进行确定；3. 计算假设发生的概率；4. 判断是否放弃该假设。

步骤 1

检验的关键在于驳回，因此要提出相反的假设

如右表所示，在统计学的检验过程中要想明确地得出答案，就必须驳回假设。因此，我们必须要提出零假设，即与主张相反的假设。

检验判断

	驳回	未被驳回
有效果	没有出现效果＝无效果	不能否定有效果＝效果不明
无效果	并非无效果＝有效果	不能否定无效果＝效果不明

想要强调该部分

步骤 2

检验也以概率分布为前提来确定事件罕见发生的风险率

风险率是用于判定发生罕见事情的标准。如果得出的概率超过风险率就会被驳回，如果没有超过风险率就不会被驳回。一般该数值设定为1%或5%。

风险率为5%

驳回 2.5% ／ 未被驳回 95% ／ 驳回 2.5%

稍微复杂且独特的检验

　　检验的重点是提出与主张内容相反的假设（零假设）。在进行检验判断时，假设会被驳回未被驳回。未被驳回就意味着无法否定假设，即尚未能判断假设正确与否。因此，我们在提出与主张相反的假设之后，

步骤 3
计算需要检验的事件发生概率并与风险率进行比较

接下来使用组合和二项分布等前文中出现的方式来计算概率。检验过程中需要我们理解并把握许多专业术语。

检验中频繁出现的专业术语

零假设
指进行统计检验时预先建立的假设。

驳回
接受检验的假说被证伪。

未被驳回
虽然接受检验的假说被证伪,但未必判断准确。

统计学上的检验流程

① 提出与主张相反的假设

② 确定风险率

③ 计算事件发生的概率

④ 进行判断

这就是检验!我们在下一页来看一看实际计算。

要按照"驳回假设→假设错误=假设的反面是正确的"这一逻辑来进行证明。另一个要点是用来判定罕见事件的基准风险率。如果计算出的概率低于风险率,那么假设就会被驳回。

公式一览表

让我们来看一看实际的检验流程吧！
检验投掷点数不均匀的骰子是否存在"猫腻"

在这里，我们来看一下实际的检验计算过程。根据检验的顺序来判断骰子中是否有猫腻。

> **例** 掷10次骰子之后出现8次点数为1的情况，那么就需要通过检验来确认这个骰子是否存在猫腻。

①假设骰子不存在猫腻。
为了证明骰子存在猫腻，我们需要提出相反的假设。

②把风险率设定为1%
为了进行精密的检验，将风险率设定为1%。

③使用组合公式来计算概率
通过二项分布中出现的公式来计算概率。

骰子中出现k次点数1的概率

$$C_{10}^{k} = \left(\frac{1}{6}\right)^k \left(\frac{5}{6}\right)^{10-k}$$

点数1出现的次数与对应的概率

点数1出现的次数	0	1	2	3	4	5	6	7	8	9	10
概率	约16.1%	约32.3%	约29.1%	约15.5%	约5.4%	约1.3%	约0.21%	约0.024%	约0.00186%	0%	0%

④与风险率进行比较后做出判断

在这种情况下,要判断是否存在猫腻,就需要计算出点数1出现8次以上的概率(如果出现8次就意味着可能存在猫腻,那么9次、10次必然存在猫腻),所以必须将点数1出现8、9、10次的概率加起来。

(点数1)出现8次的概率 + 出现9次的概率 + 出现10次的概率 = 0.0019%

反对作弊!

因为概率小于风险率1%,所以"骰子不存在猫腻"的假设被驳回,这就意味着骰子中存在猫腻。

二项分布与**医疗**

非常重要的新药临床试验，认真探究**药品是真的有效**还是只是**偶然有效**

> 这款药物真的有效果吗……

没有效果！

有效果！

你没事吧？

通过统计检验来测试新药的效果

当新款药物被开发出来之时，我们需要通过统计检验的方式来确定其有效性。首先要将得到用药许可的患者分为A组和B组，之后对A组注射新药而对B组注射安慰剂，然后比较两个小组的试验结果。即使A

新药试验的基本流程

① 给两组情况相同的患者同时服用新药和安慰剂

A组 服用新药

A组患者的症状平均在10分钟内得到改善

很快就好了！

B组 服用安慰剂

B组患者的症状平均在40分钟内得到改善

休息一下就好了！

试验结果

服用新药的A组比服用安慰剂的B组提前30分钟改善了症状！

组比B组提前30分钟显示出效果，我们也不会立即得出结论说该药物就是有效的。考虑到偶然性的存在，需要基于新药和安慰剂没有差异（即新药没有效果）这一可能性提出两个假设（见下一页）。

② 就两组试验效果显现存在30分钟的差异提出假设

假设
A. 新药和安慰剂的效果存在差别
B. 新药和安慰剂的效果不存在差别

判断基准 设定为5%

〈小于5%〉
驳回假设B，采用假设A

→ 新药比安慰剂更具有速效性！

〈大于5%〉
因为无法驳回假设B，所以无法得出结论

→ 无法判断新药和安慰剂是否存在差别！

> 此次的目标是驳回"新药和安慰剂不存在差异"这一假设！

漫长的新药效果试验

我们把新药和安慰剂存在效果差异（新药有效果）当作假设A，把新药和安慰剂不存在效果差异（新药没有效果）当作假设B。如果能够通过统计学的检验来驳回假设B并采用假设A，那就意味着新药是有效果的。

③ 计算两种药物出现症状改善时间之差的概率分布，并调查出现30分钟时差的概率

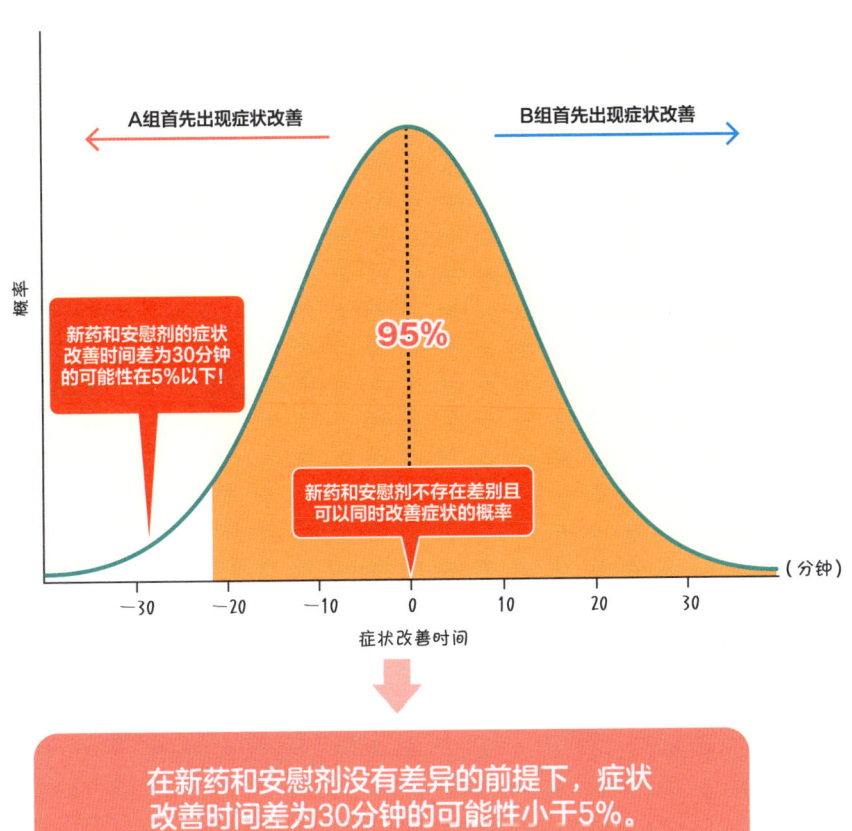

图中标注：
- A组首先出现症状改善 ←
- B组首先出现症状改善 →
- 概率（纵轴）
- 95%
- 新药和安慰剂的症状改善时间差为30分钟的可能性在5%以下！
- 新药和安慰剂不存在差别且可以同时改善症状的概率
- 横轴：症状改善时间（分钟），刻度 −30、−20、−10、0、10、20、30

在新药和安慰剂没有差异的前提下，症状改善时间差为30分钟的可能性小于5%。因此，假设B被驳回而假设A被采纳！

此次我们把风险率设定为5%，但据说在有些新药的临床试验中人们也会将其设定为1%。如果结果如上面的直方图所示，只有在症状改善的时间差小于30分钟的可能性为5%的情况下，才能证明新药具有效果。

5 相关 是找出事物之间联系的名侦探

不同数据之间的关系是什么

> 我能看穿事物之间背后的**联系**。

> 打棒球的人要比踢足球的人长得高。

能够在市场营销领域发挥作用的相关分析

当A的量发生变化时，B的量也会因某种因果关系而发生变化，这种关系被称为"A和B相关"。成年男子的身高和体重当然也是相关的，通常身高越高

第二章 统计学的分析思路

就意味着体重就越重。在市场营销领域，超市的啤酒与尿布的相关关系也是非常有名的。在超市里买尿布的人往往会购买啤酒，因此将两者陈列在一起必定能够提升销售额。

> 特 征 1
>
> **用散点图思考相关分析中的两个不同结果**

以往的图表都是用纵轴表示结果，横轴表示变化量。然而散点图的纵轴和横轴均表示结果。因此，我们需要将每个要素都标记在纵轴和横轴的交点上。

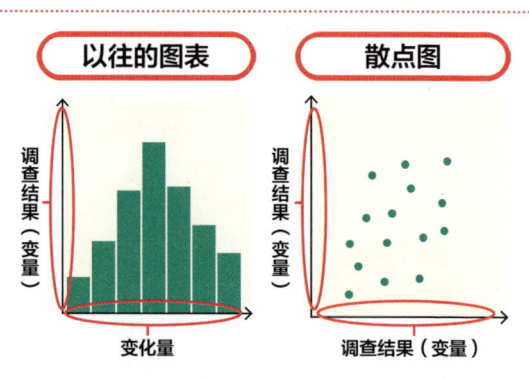

以往的图表：调查结果（变量）／变化量

散点图：调查结果（变量）／调查结果（变量）

> 特 征 2
>
> **相关系数可以用来表示两个量的相关程度**

相关系数需要通过用 −1 ~ +1 之间的数值来表示相关程度。其中，"+"表示一方会随着另一方的增加而增加，即为正相关；"−"则表示一方会随着另一方的增加而减少，即为负相关。

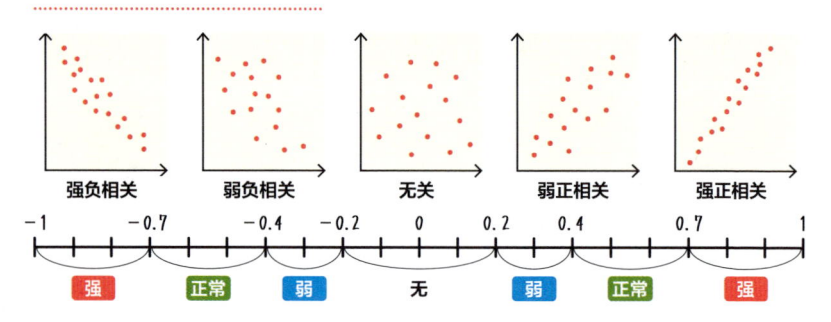

| 强负相关 | 弱负相关 | 无关 | 弱正相关 | 强正相关 |

−1　　−0.7　　−0.4　　−0.2　　0　　0.2　　0.4　　0.7　　1

强　正常　弱　无　弱　正常　强

相关分析的重点在于散点图、相关系数和伪相关

我们可以通过散点图和计算相关系数等方式来找出相关关系。相关系数是表示相关程度的数值，数值越接近 ±1 就意味着相关程度越高。需要注意的是那些看似相关实则没有因果关系的情况。例如，大街上书

特征 3
相关分析中存在许多陷阱，这需要引起注意！

① 绘制相关图的要点

有些事物之间的相关系数很高却不相关，也有些时候即使相关系数为0两者也存在某种关系，因此要同时把握相关系数和散点图这两大因素。

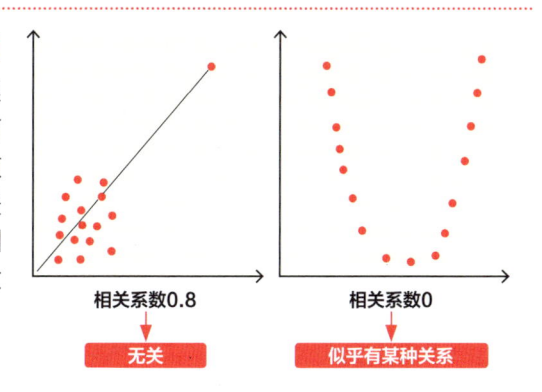

相关系数0.8 → **无关**

相关系数0 → **似乎有某种关系**

② 如果图的范围不合理，那么就无法发现相关性

如果相关图的范围不适当，那么是无法得出正确结论的。下图中的 Ⓐ 领域似乎没有相关关系，但 Ⓑ 领域似乎存在相关关系。

③ 不要被看似有相关性的"伪相关"骗了！

伪相关是指两个因素看似相关，但实际上它们与另外一个元素相关且两者之间不存在因果关系。我们一定要谨防虚假的相关性。

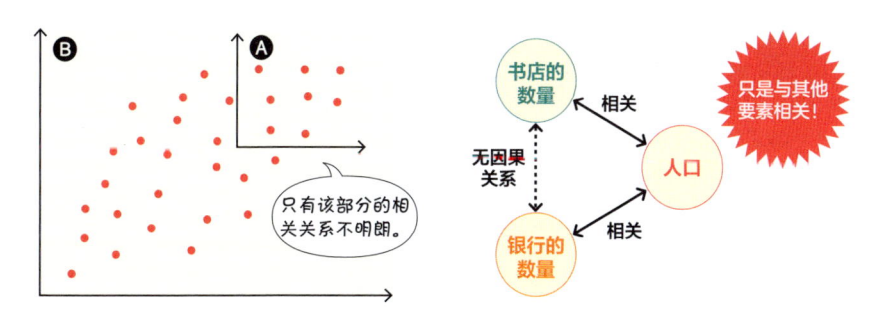

只有该部分的相关关系不明朗。

书店的数量 ⟷ 相关 ⟷ 人口
无因果关系
银行的数量 ⟷ 相关 ⟷ 人口

只是与其他要素相关！

店的数量越多，那么银行的数量也就越多。但是，两者只是随着人口的增加而增加，而并非两者之间存在因果关系（伪相关）。相关分析要求我们考虑是否涉及其他要素。

公式一览表

计算过程稍微复杂
如何对显示两个数量变化关系的相关系数进行计算？

介绍一下相关系数的计算方法。让我们来看看一个班级的英语和数学实际测试结果是如何相互关联的。

在上述相关图中，相关系数可表示如下。

相关系数

$$= \frac{\Sigma (X_i - \bar{X})(Y_i - \bar{Y})}{\sqrt{\Sigma (X_i - X)^2 \cdot \Sigma (Y_i - Y)^2}}$$

然而

$$\bar{X} = \frac{X_1 + X_2 + \cdots + X_n}{n} = \frac{\Sigma X_i}{n} \quad \bar{Y} = \frac{Y_1 + Y_2 + \cdots + Y_n}{n} = \frac{\Sigma Y_i}{n}$$

例 数学和英语考试的考试成绩如右图所示。那么英语和数学考试的成绩相关系数是多少呢？

	数学成绩	英语成绩		数学成绩	英语成绩
小A	65	25	小H	59	58
小B	27	96	小I	45	74
小C	80	36	小J	70	60
小D	35	75	小K	42	88
小E	53	92	小L	55	53
小F	90	40	小M	70	46
小G	47	95	小N	60	72

数学的平均分是57分,英语的平均分是65分。

相关系数

$$= \frac{(65-57)(25-65)+(27-57)(96-65)+\cdots+(60-57)(72-65)}{\sqrt{\{(65-57)^2+(27-57)^2+\cdots\}\times\{(25-65)^2+(96-65)^2+\cdots\}}}$$

$$= -\frac{4\,104}{\sqrt{3\,906\times6\,994}} = -\frac{4\,104}{\sqrt{5\,226}} = -0.78$$

绘制相关图

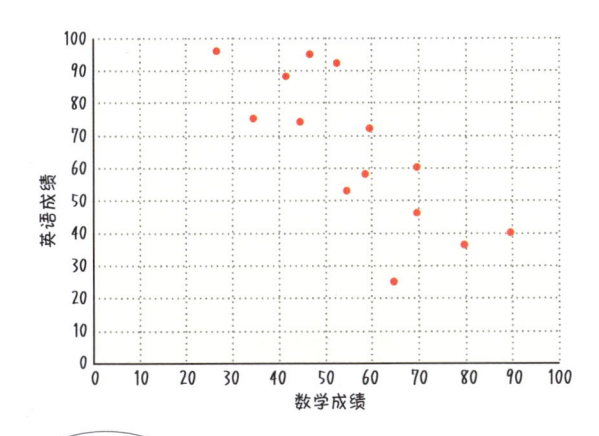

换言之,擅长一门学科的人就会不擅长另外一门学科。

英语和数学考试成绩有着很强的负相关性!

5.1 相关分析与**不动产**

"面积""房龄""与车站的距离"
中对房租影响最大的是……
（不具有普遍性）

是如何确定房租的呢……

房租与哪种要素具有强相关性呢？

　　租赁住宅的房租是由面积、房龄和与车站的距离等多个要素决定的。在此，我们要调查一下三者中的哪一项与租金的关系最为密切。我们研究了某一车站附近的出租住宅，除了布局、设备、层数这三个要素

某车站附近房租6万~9万日元且条件几乎相同的出租告示

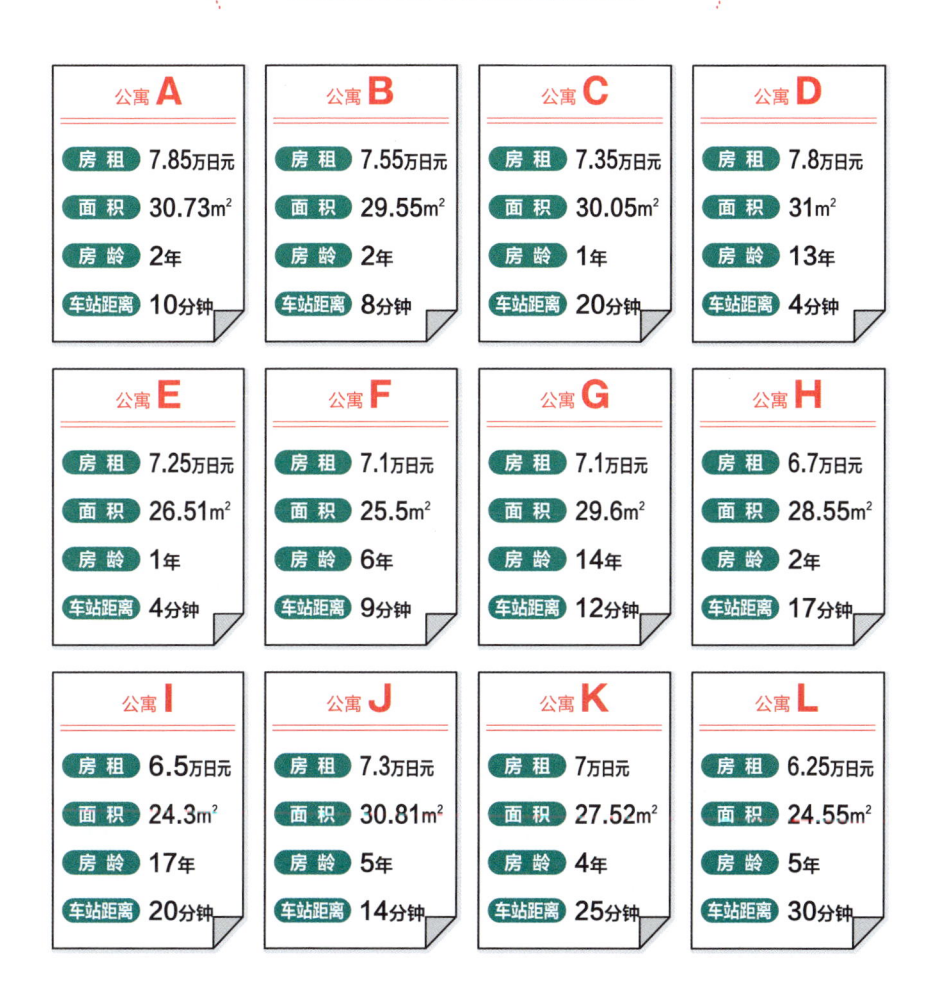

公寓 A
- 房租 7.85万日元
- 面积 30.73m²
- 房龄 2年
- 车站距离 10分钟

公寓 B
- 房租 7.55万日元
- 面积 29.55m²
- 房龄 2年
- 车站距离 8分钟

公寓 C
- 房租 7.35万日元
- 面积 30.05m²
- 房龄 1年
- 车站距离 20分钟

公寓 D
- 房租 7.8万日元
- 面积 31m²
- 房龄 13年
- 车站距离 4分钟

公寓 E
- 房租 7.25万日元
- 面积 26.51m²
- 房龄 1年
- 车站距离 4分钟

公寓 F
- 房租 7.1万日元
- 面积 25.5m²
- 房龄 6年
- 车站距离 9分钟

公寓 G
- 房租 7.1万日元
- 面积 29.6m²
- 房龄 14年
- 车站距离 12分钟

公寓 H
- 房租 6.7万日元
- 面积 28.55m²
- 房龄 2年
- 车站距离 17分钟

公寓 I
- 房租 6.5万日元
- 面积 24.3m²
- 房龄 17年
- 车站距离 20分钟

公寓 J
- 房租 7.3万日元
- 面积 30.81m²
- 房龄 5年
- 车站距离 14分钟

公寓 K
- 房租 7万日元
- 面积 27.52m²
- 房龄 4年
- 车站距离 25分钟

公寓 L
- 房租 6.25万日元
- 面积 24.55m²
- 房龄 5年
- 车站距离 30分钟

之外，其他方面都比较接近。但是因为我们没有进行精密的调查，所以调查结果不具有普遍性。调查结果如上表所示。在下一页，我们要尝试分析房租与哪个要素的相关性最强。

房租与面积、房龄、车站距离的关系散点图

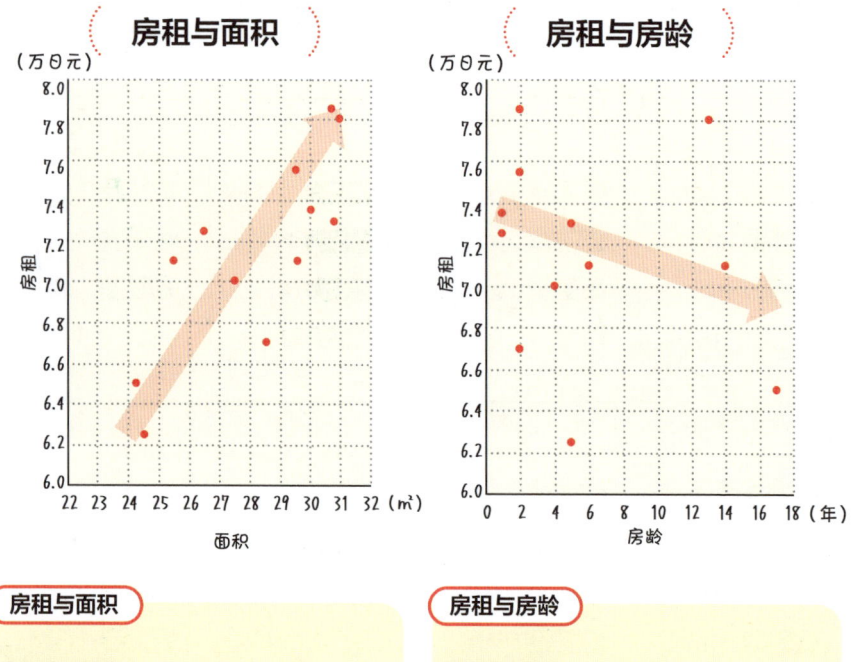

房租与面积

(万日元)

房租与房龄

(万日元)

房租与面积

相关系数

$$= \frac{(7.85-7.14)(30.73-28.22)+\cdots}{\sqrt{(7.85-7.14)^2+(7.55-7.14)^2+\cdots}}$$

$= 0.79$

强正相关

房租与房龄

相关系数

$$= \frac{(7.85-7.14)(2-6)+\cdots}{\sqrt{(7.85-7.14)^2+(7.55-7.14)^2+\cdots}}$$

$= -0.20$

弱负相关

在本次调查中，与房租高度相关的要素是"面积"！

通过散点图可以大致了解相关情况。面积越大租金越高，因此两者似乎有很强的正相关性。由于房龄对房租的影响不大，所以无法明确其与房租的关系。与车站的距离和房租呈负相关关系，即房租会随着与车站距离的增加而降低。接下来我们要计算相关系数。最终计算结果为面

房租和与车站距离

（万日元）

房租和与车站距离

相关系数

$$= \frac{(7.85-7.14)(10-14.41)+\cdots}{\sqrt{(7.85-7.14)^2+(7.55-7.14)^2+\cdots}}$$

$= -0.73$

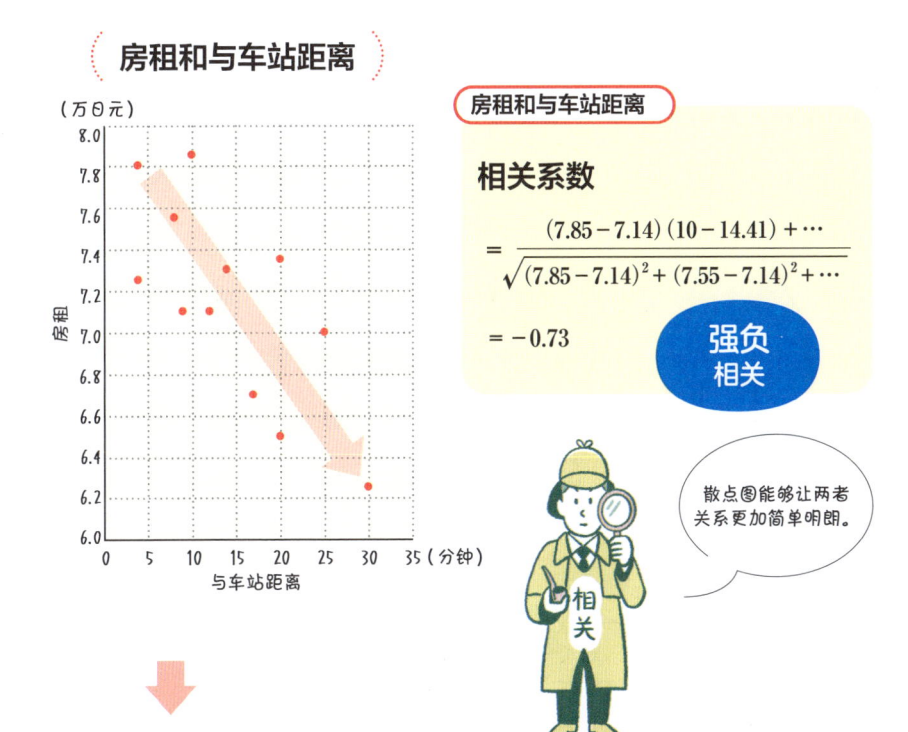

强负相关

散点图能够让两者关系更加简单明朗。

调查结果表明

- 房租和面积之间存在强正相关关系。
- 房租和与车站距离之间存在强负相关关系。
- 房租和房龄之间存在弱负相关关系。

积——0.79，房龄——0.20，与车站的距离——0.73。我们通过散点图来把握面积、与车站距离和房租的相关性，但在本次调查中也得出了房租与房龄呈负相关的结论。

5.2 相关分析与**制造**

只要把握若干要素就能够预测**葡萄酒的价格**！

决定葡萄酒价格的要素是什么

继房租之后我们要讨论的是葡萄酒价格。酿造葡萄酒的葡萄品质取决于气温、降水量和日照时间等因素,而栽培过程中的气候也会对价格产生很大影响。具体影响因素包括休眠期的雨量、成熟期的雨量和发育

葡萄酒
小课堂

决定葡萄酒价格的四种要素

① 休眠期的雨量

对于可以酿制葡萄酒的葡萄而言，最适合的年降水量是500~900毫米（东京约1 500毫米）。这属于较低的降雨水平。但是如②所示，成熟期的降水越少越好，而休眠期的雨水越多越好。

② 成熟期的雨量

事实上，过多的雨水会对酿酒用的葡萄果实生长带来影响。特别是成熟期需要适当的水分胁迫（干燥状态），成熟期的雨量会改变葡萄的质量。

酿制葡萄酒的葡萄一年内的生长过程

酿造专用葡萄的生长周期。栽培工作主要在4月至10月进行。

1月	2月	3月	4月	5月	6月	7月	8月	9月	10月	11月	12月
休眠		萌芽		开花		果实成熟			收获	休眠	

③ 发育过程中的气温

对于酿造葡萄酒的葡萄品种而言，最适宜的气温是10~16℃。这种温度属于较凉爽水平。一般情况下，这是东京4月和11月的平均气温。

④ 酿造期限

就酿造年份而言，白葡萄酒的酒龄为15~25年，而红葡萄酒的酒龄为15~30年。其中也有存放100年以上的。

过程中的气温等。这些都与价格有很密切的关系，即与价格之间存在相关关系。还有一个影响价格的因素是酿造期限。经历了漫长岁月的葡萄酒不仅味道更醇厚，而且因为物以稀为贵而得以高价出售。

葡萄酒价格与各要素的关系图

葡萄酒价格 与 休眠期的雨量

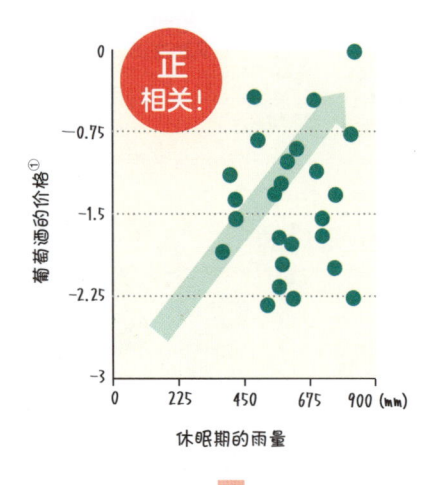

正相关！

(散点图：横轴为休眠期的雨量(mm)，纵轴为葡萄酒的价格[1]，呈正相关趋势)

葡萄酒价格 与 成熟期的雨量

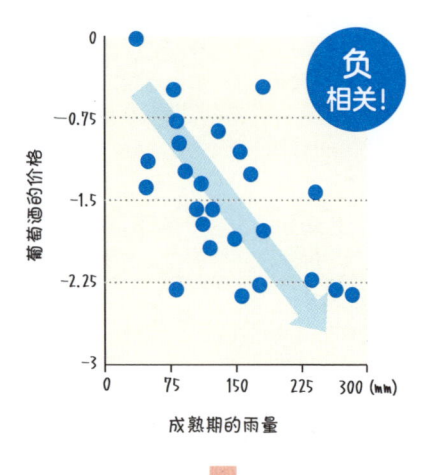

负相关！

(散点图：横轴为成熟期的雨量(mm)，纵轴为葡萄酒的价格，呈负相关趋势)

收获前一年的休眠期宜多雨

在休眠期的10月至次年3月期间，如果雨量较多，则有利于价格提升。葡萄原本适合少雨环境，但在休眠期葡萄酒的酿造则需要较多雨水。

收获前一年的成熟期宜少雨

8月至9月是成熟期，此时的雨量越大就会导致价格越低。理由请参照上一页的②。

通过四个要素就能够预测葡萄酒的价格

前文中所介绍的与葡萄酒价格相关的四个要素是由一位美国经济学家发现并提出的。在20世纪80年代，非常喜欢葡萄酒的他为了预测葡

---

[1] 纵坐标的负数值表示葡萄酒价格与设定值（此处为0）之间的差距。这种差距是一种人为设定的标准化数值。——译者注

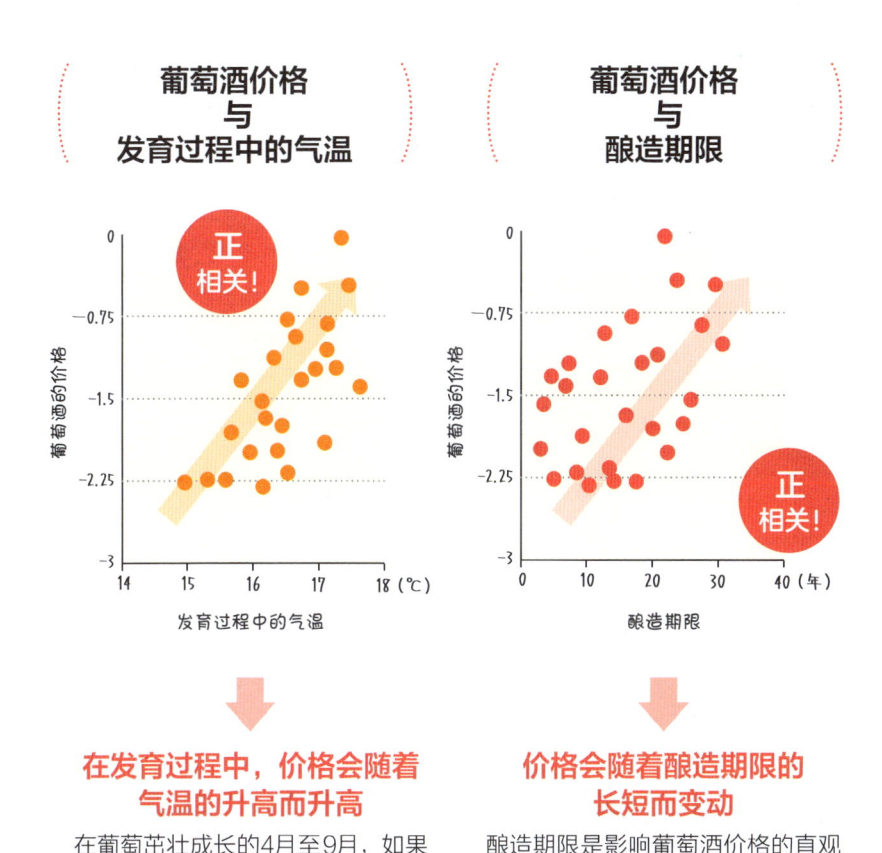

葡萄酒价格与发育过程中的气温

正相关！

（散点图：横轴 发育过程中的气温 14–18（℃），纵轴 葡萄酒的价格 0 至 −3）

⬇

在发育过程中，价格会随着气温的升高而升高

在葡萄茁壮成长的4月至9月，如果平均气温高，那么葡萄酒的价格也会升高。

葡萄酒价格与酿造期限

正相关！

（散点图：横轴 酿造期限 0–40（年），纵轴 葡萄酒的价格 0 至 −3）

⬇

价格会随着酿造期限的长短而变动

酿造期限是影响葡萄酒价格的直观指标。其中有些葡萄酒的价格超过5 000万日元。

萄酒的价格，通过分析各种与葡萄酒价格相关的要素得出了有相关性的四点。上面是四个要素与价格的关系图。其中，价格与休眠期的雨量、发育中的气温和酿造期限成正相关，而与成熟期的雨量成负相关。

第三章

实际采集数据并进行分析

尝试实际应用统计学知识

本章将采用网络问卷调查的方式对前文中介绍的统计学知识进行分析。因为这只是简单的问卷调查，所以不具有普遍性，但是它的确揭示了一些令人惊讶的事实。

专栏

3

数据不充分或主观判断都可以？！不可思议的贝叶斯统计学

贝叶斯统计学与统计学有很大的不同

在统计学中，贝叶斯统计学是一种相当特殊的思维方式。本书介绍的统计学是以数据为基础的学问，但贝叶斯统计学是一门即使**数据不充分也能解决问题**的非传统的统计学。另外，统计学基本上是把数值作为数据来处理的，但贝叶斯统计学会把**人类的主观猜想也作为数据来进行处理**，所以它是与数学关联性较小的统计学。因此，贝叶斯统计学在诞生之时被传统统计学家批评为缺乏严谨性。然而，它现在已经得以广泛应用，特别是在计算机领域内。

首先设定概率，然后不断更新

接下来让我们来分析一下贝叶斯统计学的基本思想。例如，在面对"电车上坐在你旁边的便衣男子有多大可能来自东京"这样一个问题时，很多人都是一头雾水。也许有人会回答40%，也有人会回答是10%。现在，我们首先暂且**将可能性设定为50%**，然后再对旁边的人进行观察。**仔细观察的话会发现其穿着时髦，所以我们可以将数值调整为70%**。继续观察发现他从包里拿出了《东京旅游指南》，此时就需要将数值调整为10%。

在此之后，我们需要不断仔细观察并反复更新概率估计，虽然这与以往的统计学有很大的不同，但应该能以很高的概率来推断出他是否来自东京。这就是运用贝叶斯统计学分析问题的具体事例。最初暂且将概率设定为50%，**之后随着后续信息的添加而不断调整直至结果逐渐接近正确，因此最初的临时设定也不是一个大问题。**

如上所示，如果没有其他数据作为预测的基础（上述事例中的上车地点和时间可以称为数据），那么我们就可以遵循"不充分理由原则"来利用贝叶斯统计学对问题进行分析思考。

贝叶斯统计学的数学理论

前面的案例只是一种头脑印象，如果从数学的角度来进行分析的话，作为贝叶斯统计学基本理论的贝叶斯定理就可以用下面的公式来进行表示。

$$P(A|B) = \frac{P(B|A)P(A)}{P(B)}$$

$P(A|B)$：在事件B已经发生的情况下，事件A发生的概率；
$P(A)$：事件A发生的概率；
$P(B)$：事件B发生的概率；
$P(B|A)$：在事件A已经发生的情况下，事件B发生的概率。

如果继续进行简化处理，就可以套用如下公式。

$$\text{B事件发生时A事件发生的概率} = \frac{\text{A事件发生时B事件发生的概率} \times \text{A事件的发生概率}}{\text{B事件的发生概率}}$$

如果A和B是两种不同的现象，那么人们通常会把B作为原因或假设并将A作为结果。如果你觉得有些费解，那么不妨了解一下贝叶斯统计学在实际应用中的"垃圾邮件判定"。

如果在邮件的内容和主题中出现"免费""请求"和"邂逅"等字样，那么其有很大可能是垃圾邮件。在这里，**你可以结合贝叶斯统计学的计算公式和迄今为止收到的邮件来判断一下出现"免费"字眼的邮件有多大概率是垃圾邮件。**

$$\text{包含"免费"字眼且为垃圾邮件的概率} = \frac{\text{垃圾邮件中包含"免费"字眼的概率} \times \text{（邮箱中）出现垃圾邮件的概率}}{\text{（邮箱中）出现"免费"字眼的概率}}$$

贝叶斯统计学在未来社会中拥有巨大发展潜力！

在贝叶斯统计学中，伴随着新信息的不断添加人们需要对概率估计进行更新（这称为"贝叶斯更新理论"）。这种想法与人类学习的感觉非常相似，因此也被称为类人统计学。也许有人会注意到，**模仿人类智慧的人工智能，特别是机器学习和深度学习与贝叶斯统计学非常契合，因此它是一门经常被应用于人工智能的统计学方法。**

本书只是对此做了大致的介绍，对统计学感兴趣的人可以尝试对今后会变得愈发重要的贝叶斯统计学进行拓展学习。

1

汇总数据并制作图表
分析的第一步是将数据汇总**制成图表**

一目了然的统计学问卷调查

问题1 从你家到公司的通勤时间是多少？
1. 0分钟（在家办公） 2. 不足10分钟 3. 10～29分钟 4. 30～59分钟
5. 60～89分钟 6. 90～119分钟 7. 120～149分钟 8. 150分钟以上

问题2 你上班所带背包中的东西平均重量是多少？
1. 不足1 000克 2. 1 000～1 499克 3. 1 500～1 999克 4. 2 000～2 499克
5. 2 500～2 999克 6. 3 000～3 499克 7. 3 500～3 999克 8. 4 000～4 499克
9. 4 500～4 999克 10. 5 000克以上 11. 不清楚

问题3 工作日的午餐平均价格是多少？
1. 0日元（自带或者不吃） 2. 0～200日元 3. 200～399日元 4. 400～599日元
5. 600～799日元 6. 800～999日元 7. 1 000～1 199日元 8. 1 200～1 399日元
9. 1 400～1 599日元 10. 1 600～1 799日元 11. 1 800～1 999日元 12. 2 000日元以上

问题4 你一个月平均阅读多少本杂志或者漫画等书籍？
1. 0本 2. 不足3本 3. 3～5本 4. 6～8本 5. 9～11本 6. 12～14本
7. 15～17本 8. 18本及以上

问题5 请选择最接近自身实际情况的体型。
1. 相当瘦 2. 瘦 3. 略瘦 4. 一般 5. 略胖
6. 肥胖 7. 相当肥胖

问题6 关于在公司内的业绩和评价，请选择最接近自身的一项。
1. 相当好 2. 好 3. 稍好 4. 一般 5. 稍差
6. 差 7. 相当差

〈调查问卷概要〉

调查对象
- 男性100名，女性100名，合计200名
- 在全国（日本）范围内进行随机统计

基本属性
- 20岁以上的社会人士

调查方式
在网络上进行问卷调查

首先要尝试将数据转化成图表

通过互联网这一媒介对上述事项进行问卷调查。虽然此次的数据数量只有200个且不具有普遍性，但目的只是让大家尝试运用统计学。接下来，需要把数据转换为图表。

将问卷结果整理成图表

问题 1

从你家到公司的通勤时间是多少?

所需时间(分钟)	人数(人)
0	5
小于10	12
10~29	46
30~59	94
60~89	35
90~119	4
120~149	4
大于150	0

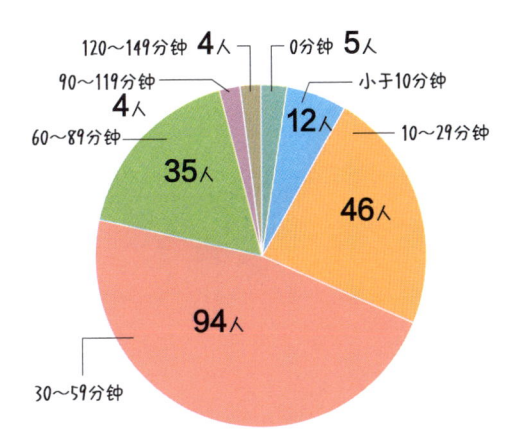

通勤时间为30~59分钟的人约占总数的一半。通勤时间超过1小时的人数约占20%,该比例低得令人吃惊。

问题 2

你上班所带背包中的东西平均重量是多少?

重量(克)	人数(人)
小于1 000	44
1 000~1 499	44
1 500~1 999	32
2 000~2 499	21
2 500~2 999	9
3 000~3 499	9
3 500~3 999	3
4 000~4 499	3
4 500~4 999	0
大于5 000	2

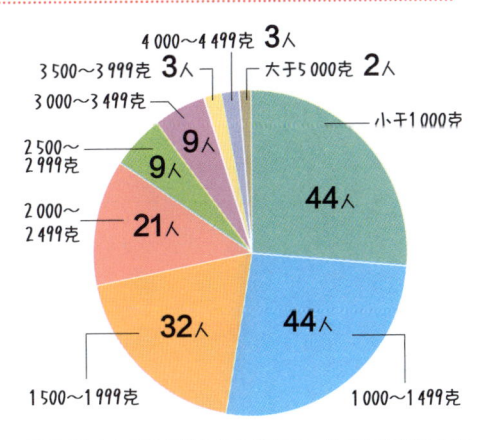

重量保持在1 500克以内的人数居多,当然也有部分人的背包重量超过5 000克。另外,还有167人回答"不清楚"。

问题 3
工作日的午餐平均价格是多少？

价格（日元）	人数（人）
0	60
不足200	12
200～399	28
400～599	44
600～799	25
800～999	20
1000～1199	6
1200～1399	3
1400～1599	1
1600～1799	0
1800～1999	0
大于2000	1

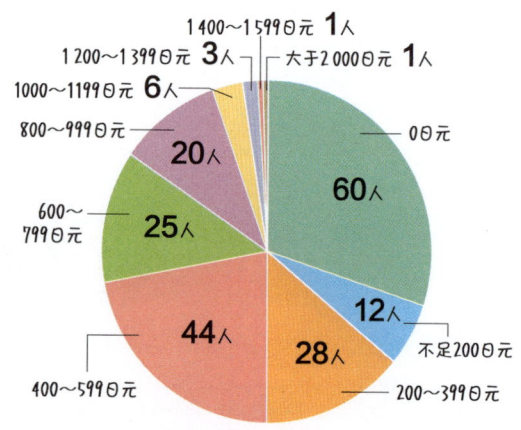

不吃午餐或自带便当而花费0日元的人约占30%！那些午餐费用不足200日元的人到底在吃什么呢……

问题 4
你一个月平均阅读多少本杂志或者漫画等书籍？

本数	人数（人）
0	64
小于3	82
3～5	24
6～8	9
9～11	9
12～14	3
15～17	2
大于18	7

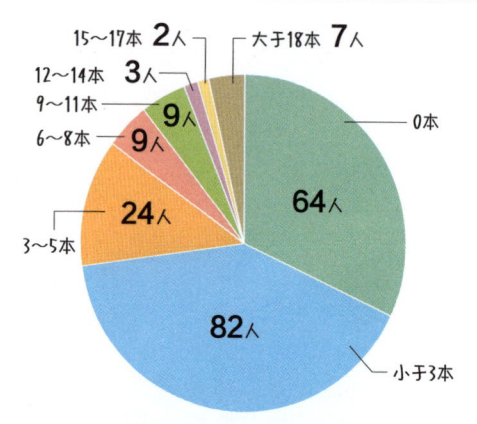

每4人中就有1人每月连1本杂志或漫画都不阅读。人们似乎正在远离纸媒。

第三章 尝试实际应用统计学知识

问题 5

请选择最接近自身实际情况的体型。

自我体重评估	人数（人）
相当瘦	5
瘦	19
略瘦	25
一般	84
略胖	49
肥胖	15
相当肥胖	3

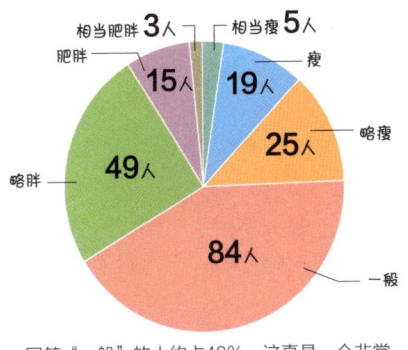

回答"一般"的人约占40%，这真是一个非常符合日本人性格的结果。

问题 6

关于在公司内的业绩和评价，请选择最接近自身的一项。

自我评价	人数（人）
相当好	1
好	33
稍好	26
一般	118
稍差	12
差	9
相当差	1

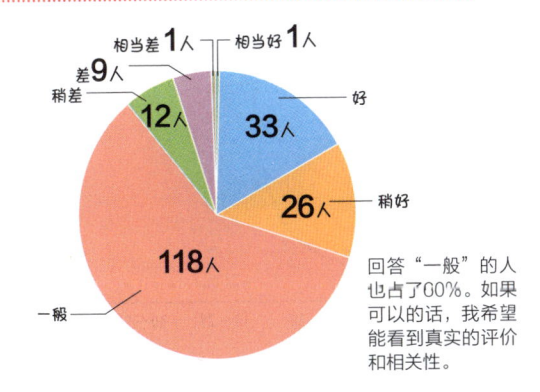

回答"一般"的人也占了60%。如果可以的话，我希望能看到真实的评价和相关性。

分析结果

▌仅仅通过表格就能够了解各要素的偏差程度。如果能将饼状图和表格相结合，那么我们就能够更清楚地把握真实情况。

▌如果只是制作成饼状图，那么我们只能够了解各要素的比例。

2 确认数据的分布
有没有接近正态分布的情况？！
通过数据制作**直方图**来实现

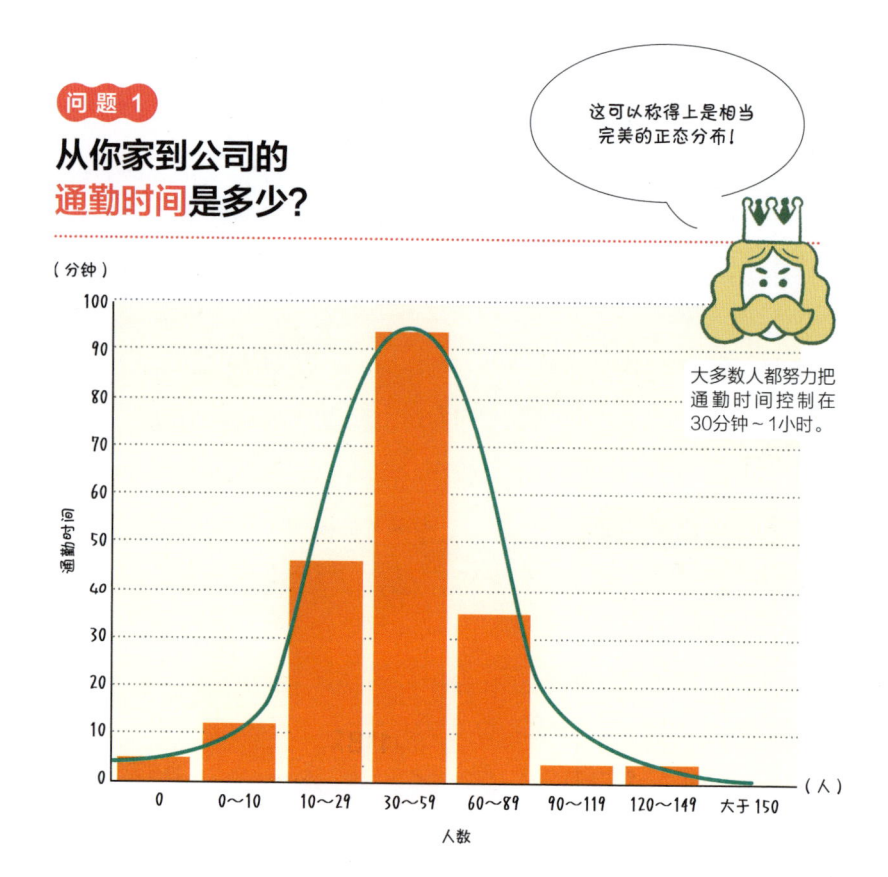

问题 1

从你家到公司的**通勤时间**是多少？

这可以称得上是相当完美的正态分布！

大多数人都努力把通勤时间控制在30分钟～1小时。

（分钟）

通勤时间

0　0~10　10~29　30~59　60~89　90~119　120~149　大于150　（人）

人数

直方图能够帮助我们明白许多事情！

　　接下来让我们把数据制作成直方图。本书中出现的理论大多以正态分布为前提，即对象呈现出单峰的样态。如果未形成这种形态，就无法进行正确的分析。实际绘制直方图之后会得出上述结果。其中，通勤时

第三章 尝试实际应用统计学知识

问题 2
你上班所带背包中的东西平均重量是多少？

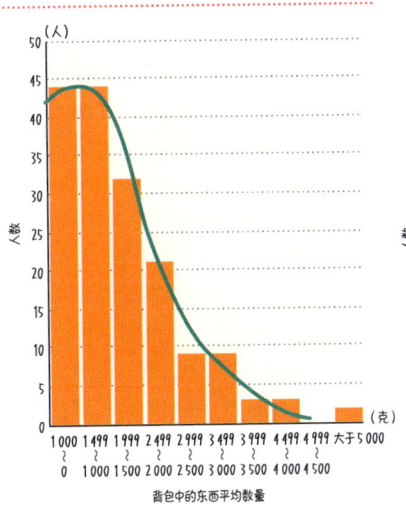

（图表：横轴为背包中的东西平均数量，单位克，区间为 1000~1499、1500~1999、2000~2499、2500~2999、3000~3499、3500~3999、4000~4499、4500~4999、大于5000；纵轴为人数，0~50）

因为每个人的书包重量没有统一标准，所以就会出现书包越重意味着包内所装物品越少这样一种无趣的结果。

问题 3
工作日的午餐平均价格是多少？

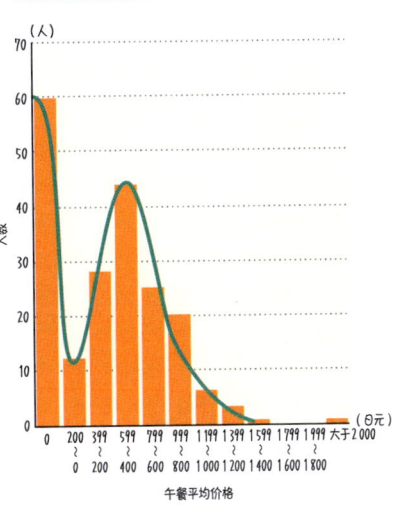

（图表：横轴为午餐平均价格，单位日元，区间为 0~199、200~399、400~599、600~799、800~999、1000~1199、1200~1399、1400~1599、1600~1799、1800~1999、大于2000；纵轴为人数，0~70）

人们的午餐价格好像差很多。居然有不少午餐平均价格高达2 000日元的人，这足以窥见社会差距……

> 呃……这似乎不是正态分布……

间呈正态分布，但是背包的重量是数据较少的二项分布，而午餐的消费则呈现出双峰的样态。

109

问题 4

你一个月平均阅读多少本杂志或者漫画等书籍?

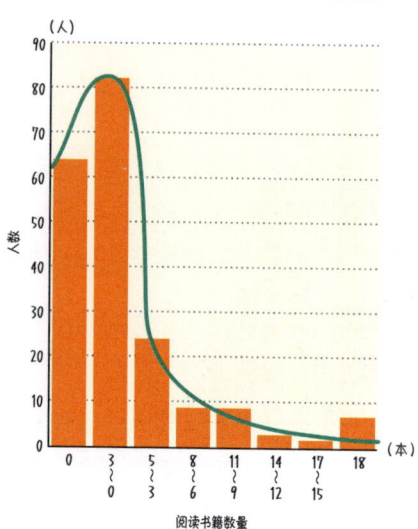

答案集中在3本以内且呈现出逐渐减少的趋势。

问题 5

请选择最接近自身实际情况的体型。

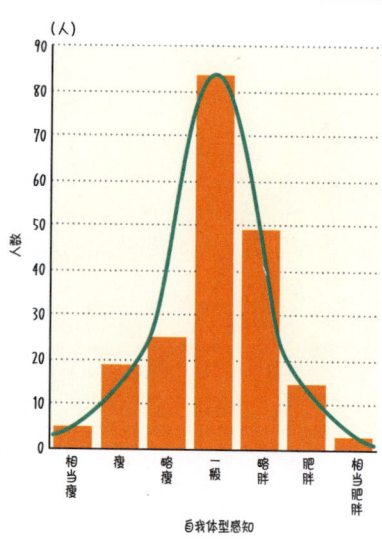

回答"一般"的人数较多,且肥胖和消瘦数据呈逐渐减少的正态分布样态。

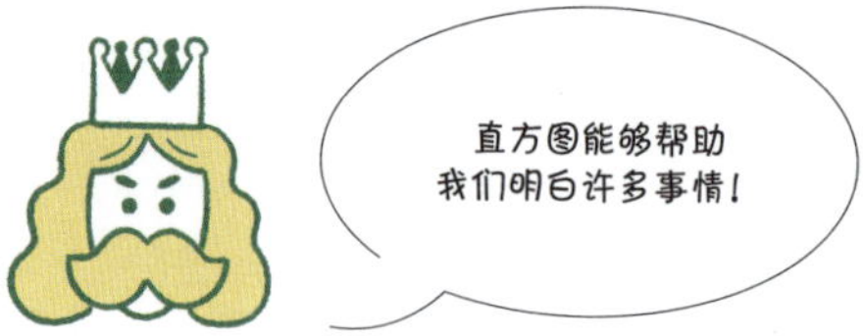

> 直方图能够帮助我们明白许多事情!

中正平和的数值会呈现出正态分布的样态?!

接下来再来分析一下"阅读量""自我体型感知"和"自我评价"的直方图。结果显示,每月的阅读量集中在3本以内且呈现出逐渐减少的趋势。在自我体型感知在这一问题上,受访者回答"一般"的人数较

第三章 尝试实际应用统计学知识

问题 6

关于在**公司内的业绩和评价**，
请选择**最接近自身的一项**。

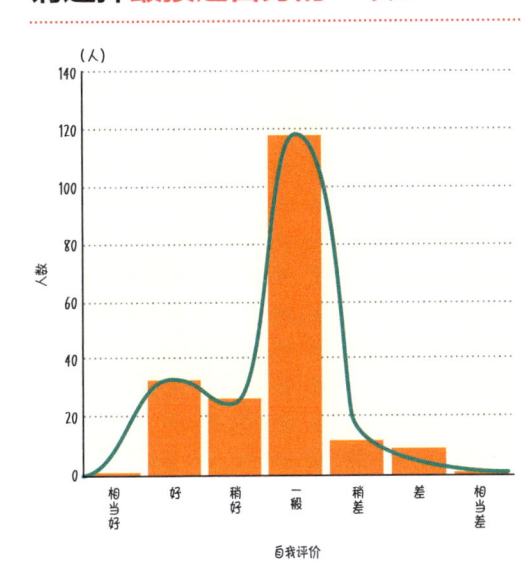

（人）纵轴：人数

横轴（自我评价）：相当好、好、稍好、一般、稍差、差、相当差

> 虽然接近正态分布，但未实现左右对称……

回答"一般"的人数最多，这也是意料之中的事情。回答人数位居第二的答案是"好"，它呈现出轻微的双峰样态。

分析结果

▍直方图会让我们发现一些出乎意料的事情，如社会贫富的悬殊等。

▍如果调查结果多倾向于中正平和，那么直方图更容易呈现出正态分布的样态。

多且呈现出了正态分布的样态。另外，在针对自我评价的回答中"一般"同样居首位。回答人数位居第二的答案是"好"，它未呈现出左右对称的样态。难道真的存在许多优秀的人？！

3 分析正态分布
对**接近正态分布**的数据进行细致观察

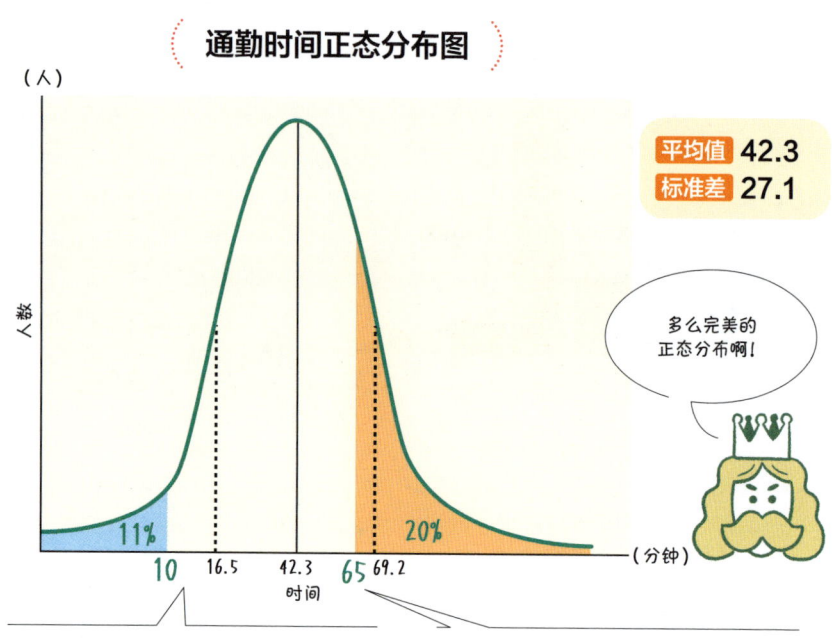

通勤时间正态分布图

平均值 **42.3**
标准差 **27.1**

（人）
人数

11%
20%

10　16.5　42.3　65　69.2　（分钟）
　　　　时间

多么完美的正态分布啊！

通过通勤时间数值来把握整体位置

按照从多到少的排列顺序，通勤时间10分钟居于后11%的位置。

能够迅速把握排名前20%的通勤时间

居于前20%位置的通勤时间是65分钟。

正态分布中充满了信息！

　　在此，让我们来详细分析一下前一节中调查得出的与正态分布相近的"通勤时间"和"自我体型感知"这两组数据。首先通过标准正态分布图来分析通勤时间，居于前20%位置上的人通勤时间约为65分钟。

第三章 尝试实际应用统计学知识

自我体型感知直方图

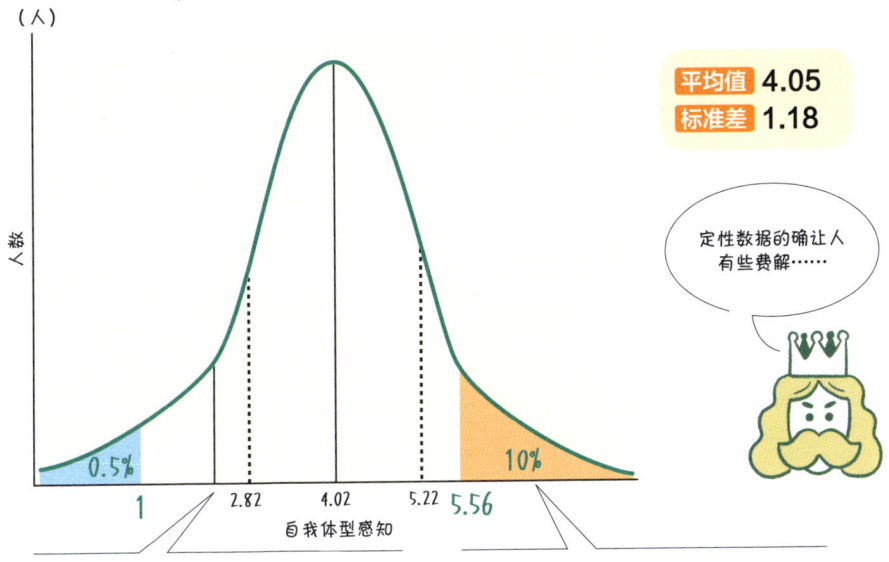

平均值 **4.05**
标准差 **1.18**

定性数据的确让人有些费解……

0.5%　10%
1　2.82　4.02　5.22　5.56
自我体型感知

相当瘦的人排名靠后
虽然直接从数值难以看出，但相当瘦的人（1人）其排名是倒数0.5%。

排名前10%的回答是稍微肥胖？
排名前10%的数值是5.56，它处于"略胖～肥胖"的水平。

分析结果

■ 只要能够判断出该直方图为正态分布，就可以非常轻松地把握数值在整体中的位置。

■ 制作标准正态分布图或正态分布图需要投入较多的时间和精力。

另外，如果一个人的通勤时间是10分钟，那么他就属于通勤时间较少的那一类，大概处于排名前11%的位置。另外，通过正态分布的角度人们也可以对自我体型感知数据进行同样的分析。

4 相关系数和散点图
揭示令人惊讶的巨大发现！
分析数据之间的相关性

相关程度 第1位
相关系数 0.28

通勤时间 与 背包重量

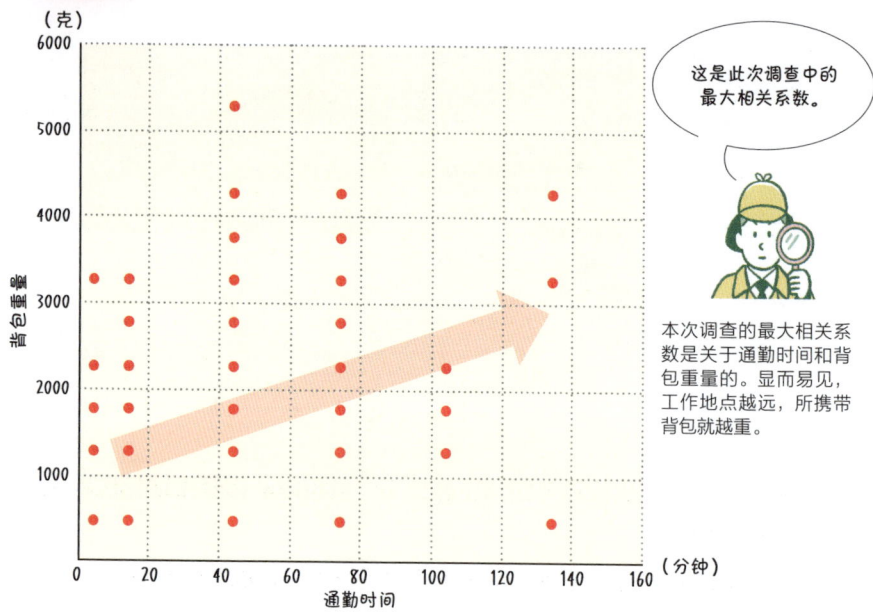

（克）

> 这是此次调查中的最大相关系数。

本次调查的最大相关系数是关于通勤时间和背包重量的。显而易见，工作地点越远，所携带背包就越重。

背包重量 / 通勤时间（分钟）

由于采取了选择填入的方式，因此结果有些模糊……

最后来看一下各数据之间的相关性。因为此次调查并不是要求调查对象直接填入相关数值，而是从预先设定的数值之中进行选择，所以数值点的位置分布会呈现出一种受限的相关性。此时的相关系数与1相去甚远，最高也只有0.28，因此结果稍显不尽如人意。

第三章 尝试实际应用统计学知识

相关程度 第2位 相关系数 −0.16

午餐价格 与 自我体型感知

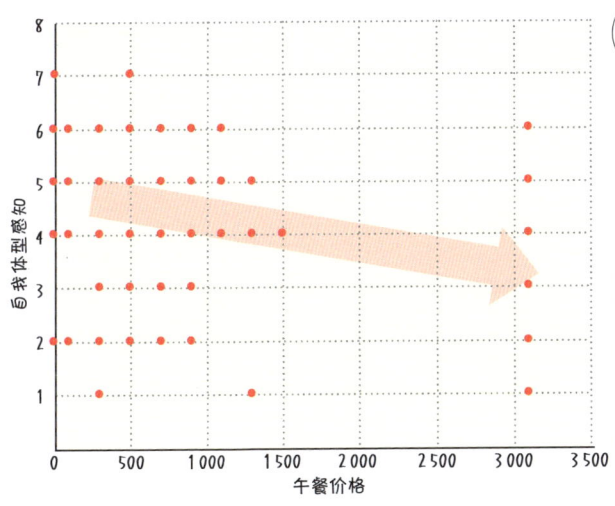

结果和预想完全相反。

自我体型感知和午餐价格是负相关的。难道体重越重，午餐的价格就越便宜吗？！

相关程度 第3位 相关系数 0.13

背包重量 与 平均阅读量

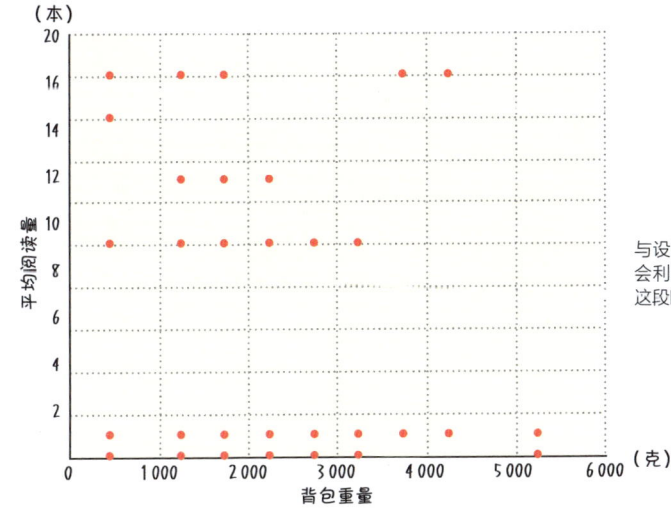

与设想的一样，很多人会利用乘坐电车上班的这段时间读书。

115

相关程度 第4位 相关系数 0.12

自我体型感知 与 自我评价

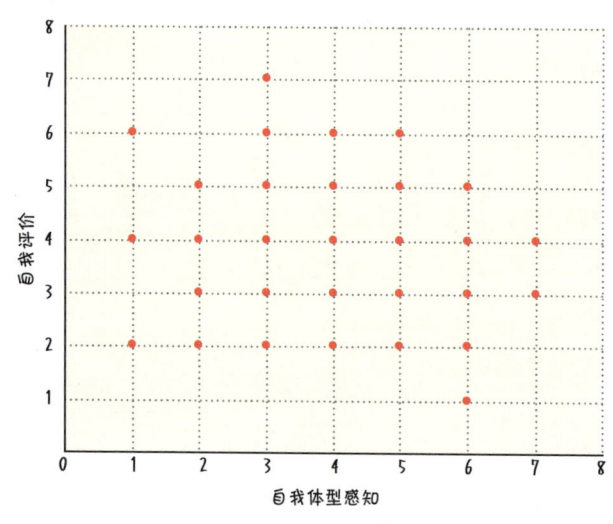

虽然相关系数相当小,但大致可以看出自我管理能力较强的人往往对自身的评价也比较高。

相关程度 第5位 相关系数 −0.11

背包重量 与 自我评价

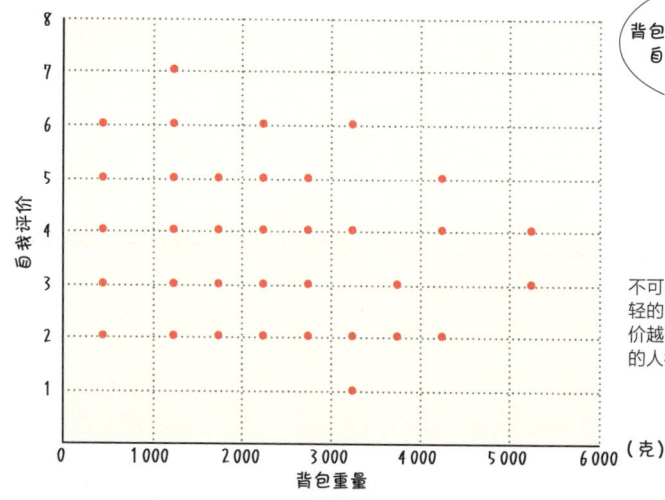

背包重量较轻的人往往对自身的评价较高?!

不可思议的是,背包越轻的人往往对自身的评价越高。难道是越能干的人行李也越少?!

其他的相关系数

顺序	内容	相关系数
6	午餐价格与自我评价	−0.1
7	背包重量与自我体型感知	−0.08
8	通勤时间与午餐价格	−0.07
9	通勤时间与自我体型感知	−0.06
10	平均阅读量与自我评价	−0.059
11	通勤时间与平均阅读量	−0.053
12	午餐价格与平均阅读量	−0.04
13	平均阅读量与自我体型感知	0.03
14	通勤时间与自我评价	−0.007
15	背包重量与午餐价格	−0.005

无相关性也是一种重要信息。

其中包含了许多相关系数较小的数据。在这次的调查中，令人意外的是自我评价和阅读量之间没有太大关系。

分析结果

▌由于选择式问卷调查形式中包含了若干固定且不灵活的地方，所以不太适合制作相关性示意图。

▌总体而言，本次调查结果呈现较弱的相关性。相关性越强的关系似乎越不容易被发现。

▌调查相关性不仅可以帮助我们获得相关信息，而且还会让我们获得那些看似相关实则无关的信息。

第四章

与引领时代的技术相接触

尖端的信息技术和统计学

接下来让我们来看看人工智能、大数据分析和区块链这三个最前沿的信息技术与统计学之间的关系。由此可见，统计学在今后的商业领域将变得多么重要。

专栏

4

可以改变信息技术未来的量子计算机

量子计算机和传统计算机的区别

本书中所介绍的大数据分析、人工智能、区块链等都是尖端的信息技术，而量子计算机也是目前研究进展中最受关注的领域之一。如果该领域的研究得以实现重大突破，那么人们在人工智能和大数据分析等领域都有可能取得飞跃性的进步。接下来我们要对量子计算机进行介绍。

量子计算机与传统计算机（与量子计算机相比，它也被称为"经典计算机"）的基本区别在于"信息的单位"。虽然都采用比特作为单位，但是**传统计算机是用0和1来表示并且往往只能从0和1之中选择其中之一**。即使是那些对计算机不是很熟悉的人也可能听说过所有的计算机信息都是由0和1的组合组成的。这就是传统计算机中的信息单位。

量子计算机的关键是"叠加"

另一方面，量子计算机的信息单位利用了量子力学中的"叠加定理"。如此就可以将0和1重叠起来进行处理，并且能够同时选择0和1两种模式。这种量子计算机的信息单位被称为量子比特。"叠加"这个说法虽然有些费解,但大家可以想象一下旋转中的硬币。这不是一种**硬币旋转停止并掉落的状态,而是指不断地旋转且无法完全确定正反面的状态**。这种在观察之前无法进行确定的状态被称为"叠加"。

通过使用叠加状态,n个量子比特可以同时表现$2n$个状态。一个在传统计算机中需要大量计算步骤的过程,如果借助量子计算机的叠加方式,只需一个计算步骤即可完成,从而实现飞速的处理。

能做到超级计算机无法做到的事情

另外,与传统计算机以及其中性能最出色的超级计算机相比,量子计算机的优点在于功率优势。人们可能会认为,在量子计算机上进行的复杂计算也可以通过将一些超级计算机连接起来进行处理。然而,这在现实中是不可能的。因为**超级计算机需要巨大功率,如果想将几台超级计算机连在一起工作就需要许多发电厂,而这在现实中是不可能实现的**。因此,量子计算机可以使用更小的功率来完成超级计算机无法完成的计算。

量子计算机的优势和短板

虽然可能会被许多人误解,但其实量子计算机并不是一种将传统计算机所有功能都大幅提升的万能机器,而是能够在特定领域发挥出色处理能力的机器。一般来说,这种方法在适用于从**庞大的组合中推导出概率正确的答案即可**这样一种情况,但在进行严密计算和处理的情况下则不太适用。具体来说，它在**解决交通堵塞的路径探索、选择对人体发挥作用的分子来进行药物研发，以及机器学习等领域**都是有效的。实际上，为了避免交通堵塞，汽车行业已经开始研究如何在汽车上安装量子计算机。

正在研发中的量子计算机

目前，量子计算机一词既指机器硬件，也指运行在机器上的软件——量子算法。对量子算法的研究始于1994年，时至今日人们已经开发出多种算法。另一方面，量子计算机的硬件也处于开发阶段。其硬件大致分为**可以用于处理大部分计算任务的通用型以及只用于处理特定计算的专用型，目前研究较为深入的是专用型量子计算机**。相信用不了多久，它们就会被投入到实际使用之中。谷歌公司在2019年开发出的量子计算机也一度成为新闻焦点。通用的量子计算机目前仍处于开发阶段，可能仍需要一段时间才能够得以进入市场。

尖端的信息技术和统计学

1 统计学已经成为必备素养？！
尖端的信息技术与统计学
密不可分

尖端的信息技术研究中不可缺少的统计学

目前，统计学获得了越来越多的关注。其重要性突然急剧增强的原因之一是，信息技术的发展使得获取大量数据和进行复杂统计计算变得更加容易，**信息技术和统计的使用也在营销和产品开发方面取得了重大成果**。虽然统计学作为一门学科已经存在了很长时间，但它与前沿信息技术之间的关系日益密切并成为信息技术研究中不可或缺的领域之一。

什么是大数据分析？

最尖端的信息技术研究领域包括**大数据分析、人工智能、区块链**等。大数据是指通过视频、图像、社交网络日志更新等各种形式进行传播且实时增长的巨大数据群。随着互联网的普及以及所有事物均可实现数据化的趋势不断加剧，这个词开始广泛传播开来。之后人们从这些大数据中推导出对商业活动等有用的信息，这就是大数据分析，并且这个分析运用了统计学理论。

统计学和尖端的信息技术

大数据

各种各样可实现实时增长的有益且巨大的数据群。

统计学

随着互联网的普及,数据的获取变得日益简单,其重要性也会随之增大。

人工智能

目前,该技术在商务等领域内正在得以广泛应用。

区块链

事实上,它在信息技术领域也发挥了巨大潜力,以至于被称为互联网历史中最伟大的革命。

快速发展的人工智能与区块链

目前，人工智能已经取得了飞跃性进步且备受关注。除了进行编程，人工智能也可以自动地发现或推断隐藏在数据中的规律。随着加密资产（虚拟货币）的广泛传播，区块链也成为一个热门话题，它是一种由所有参与者以区块形式记录和管理数据的技术。其特征是数据几乎不可能被篡改，从而被安全地记录下来。该技术有望在记录病情的病历，以及总结学历和工作经历的简历等领域得以应用。

统计学在信息技术领域的地位

接下来我们来思考一下大数据分析、人工智能、区块链等最新技术与统计学之间的关系。区块链虽然与统计学没有太大的关联性，但通过区块链可以收集到来源明确的高价值数据。对于统计学而言，获取高价值数据是至关重要的一点。另外，在对收集到的数据进行大数据分析的过程中，人们也会灵活地运用到统计学方法。其分析方法是多种多样的，但最具代表性的是一种被叫作"主成分分析"的统计学方法。之后对数据进行计算的是人工智能。然而，统计学只是人工智能的分析方法之一，而"深度学习"等则需要借助其他的方法来进行分析。

一言以蔽之，**统计学的立足点就是用人工智能和统计学方法对包括通过区块链获取的数据在内的大数据进行分析**。

第四章 尖端的信息技术和统计学

尖端信息技术之间的关联性

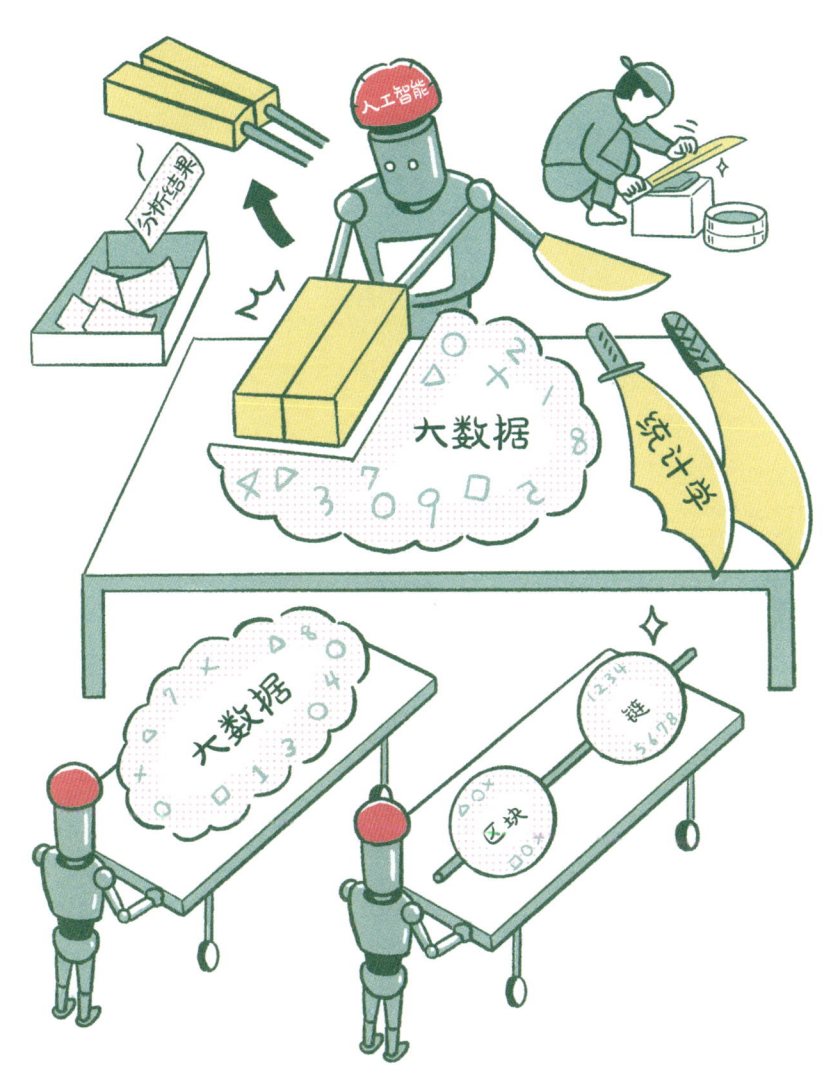

人工智能和统计学是指对包括通过区块链获取的高价值数据在内的大数据进行分析。

2 大数据及其分析

统计学的看点！
为**大数据分析**
提供有力工具的统计方法

令人难以琢磨的大数据真面目

谷歌公司每天都要处理超过24pb[①]的数据，这是美国国会图书馆所有印刷品数千倍的信息量。现在，数字数据的数量每天都在加速增长，而大数据的活用也变得越来越重要。

大数据的定义会随着使用主体的不同而有所差异，但**最具代表性的特征可总结为三个"V"——"Volume（数量）""Velocity（速度）"和"Variety（多样性）"**。其中，数量是指大量的数据，速度是指数据的生成速度和高速的处理速度，而多样性是指各种形式的数据。具体来说，主要包括网站上的音频和图像等**多媒体数据**、电子商务网站的购买记录等**网站数据**、社交网站上发布的帖子等**社交媒体数据**以及位置信息和速度等**传感器数据**。除此之外，商务活动中的**客户数据**、办公文档等**办公数据**、销售管理中使用的**运营数据**，以及服务器生成的**日志数据**等都属于大数据。从这些不同形式的数据中提取有用信息的过程就是大数据分析。

[①] pb是"Petabytes"一词的缩写，是计算机存储容量单位，一般译为"拍字节"，相当于2^{50}字节。——译者注

我们身边几乎所有的事情都可纳入大数据范围

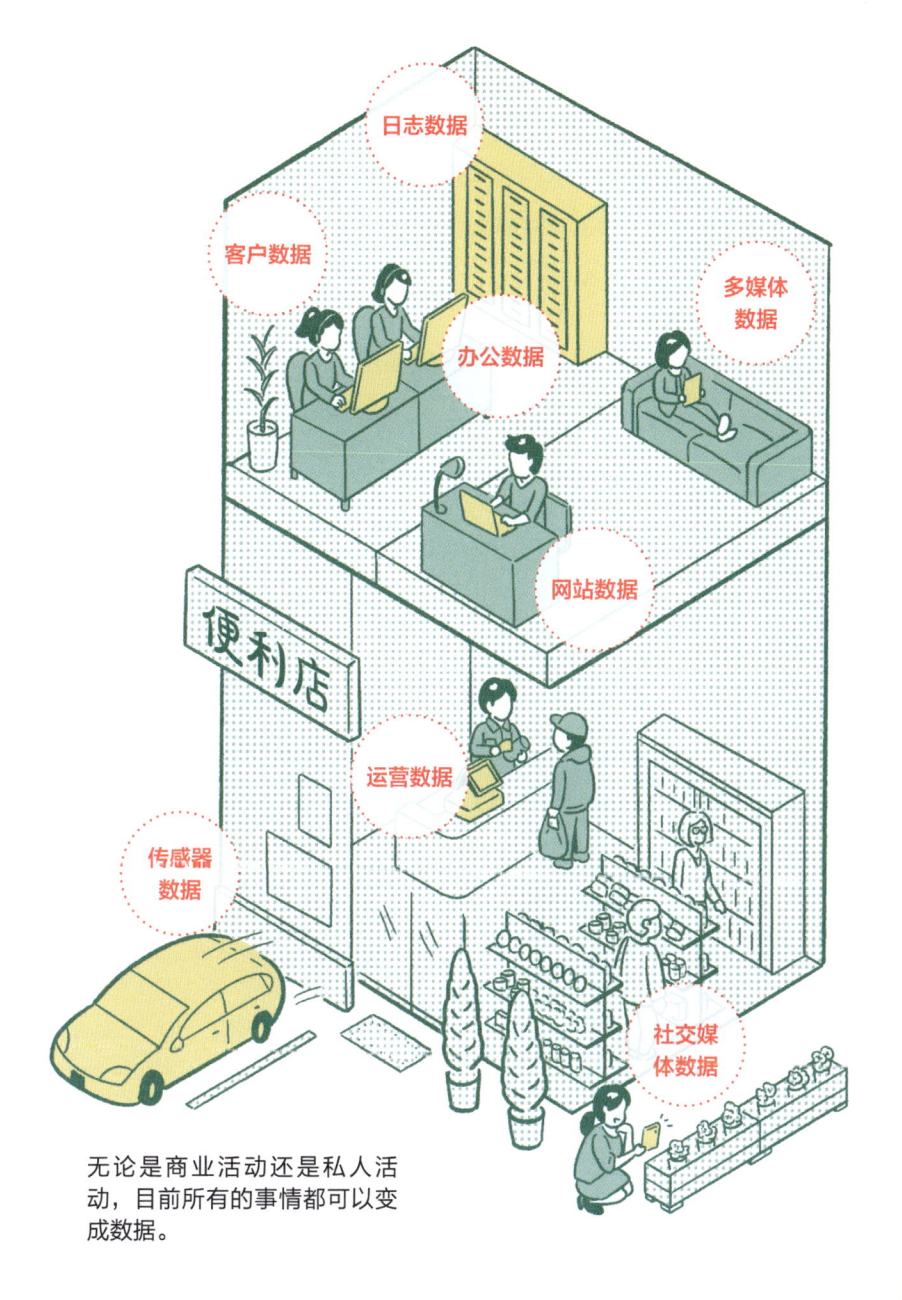

- 日志数据
- 客户数据
- 办公数据
- 多媒体数据
- 网站数据
- 运营数据
- 传感器数据
- 社交媒体数据

无论是商业活动还是私人活动，目前所有的事情都可以变成数据。

可用于大数据分析的统计学理论

在大数据的分析中会经常用到统计学方法。本书介绍的统计学的基本应用主要集中在尖端的大数据领域。主要的大数据分析包括主成分分析、时间序列分析和聚类分析等。**主成分分析是在变量众多的数据中选取最能体现整体偏差的变量作为主成分来合成变量的方法**。虽然字面意思有些令人费解，但是大家可以参看P129的图解。如此就可以减少变量，从而便于分析数据。

时间序列分析是将随着时间发展而变化的数值按时间顺序进行整理和分析的方法。这种方法常用于股价、气温变化等常见领域，即使面对一系列未明确规律的数据，我们如果按照时间顺序来对其进行整理，也有可能发现出乎意料的规律。此外，这也是在需要对未来进行预测的时候所必备的分析方法。

聚类分析是对样品或指标进行分类的一种多元统计分析方法。它所面临的数据对象混合了多种具有不同性质的要素，而该方法的主旨是能够合理地按照相似的特性来进行合理分类。即使将数据制作成散点图且不易发现其中规律，但根据纵轴和横轴以外的属性对数据进行分类，也能够把握其中的规律和倾向。

主成分分析、时间序列分析、聚类分析等用于大数据分析的统计学方法属于基本的分析方法。因此，在分析数据的时候必须要掌握一定的统计学知识。

第四章 尖端的信息技术和统计学

具有代表性的统计学分析方法

主成分分析法

如下图所示,主成分分析就是设法将原来众多具有一定相关性的若干指标重新组合成一组新的互相无关的综合指标来代替原来的指标,争取在保留整体特征的同时减少变量。

若干变量综合成为一个变量!

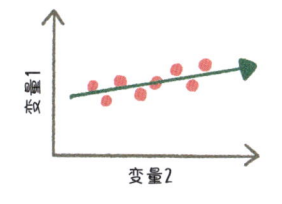

时间序列分析

如下左图所示,即使是对于那些很难发现特征和规律的数据,我们也可以根据性质进行总结来使其特征浮现出来。

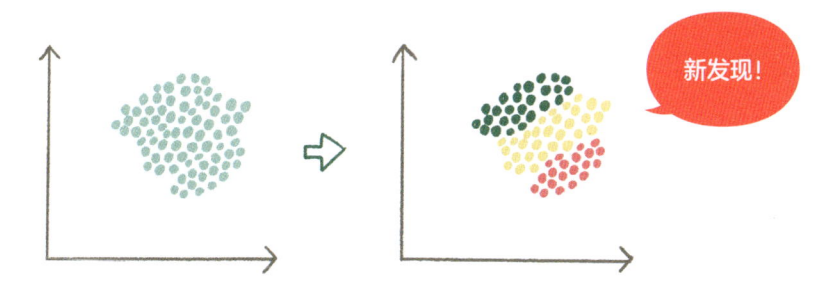

新发现!

聚类分析

按照时间进展对数据进行排列分析的方法。图表本身虽然很常见,但作为一种基本的分析方法,发挥着非常重要的作用。

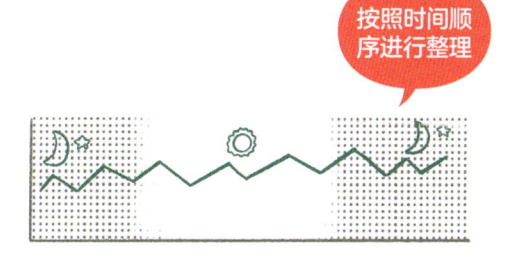

按照时间顺序进行整理

129

3 人工智能与统计学

近年来备受关注！
人工智能与统计学的微妙关系

人工智能实际上拥有着悠久的应用史

接下来，我们要探讨人工智能与统计学的关系。实际上，人工智能一词是于1956年被创造出来的，其悠久历史的确出人意料。除了**"使用计算机软件重现人类的智能行为"**，没有明确的定义。从广义上讲，我们日常使用的根据室温调整风量的空调也是人工智能的一种应用。

随着技术的进步，人工智能可实现自动分析！

拥有漫长研究历史的人工智能是通过一种叫作"机器学习"的技术才得以发展起来的。在此之前，人工智能只是单纯进行编程，但**机器学习使人工智能能够在接收简单指令之后找出自身的法则和规律**。但在构想出这项技术的时候，计算机的性能和互联网都还不发达，所以这项技术的功能并未充分发挥。自2000年以来，由于计算机性能的提高和互联网的普及，人工智能也得到了飞跃式发展。模仿人类大脑结构的"神经网络"系统诞生，并且人类进一步开发出一种被称为"深度学习"的技术。

第四章 尖端的信息技术和统计学

人工智能种类进化过程

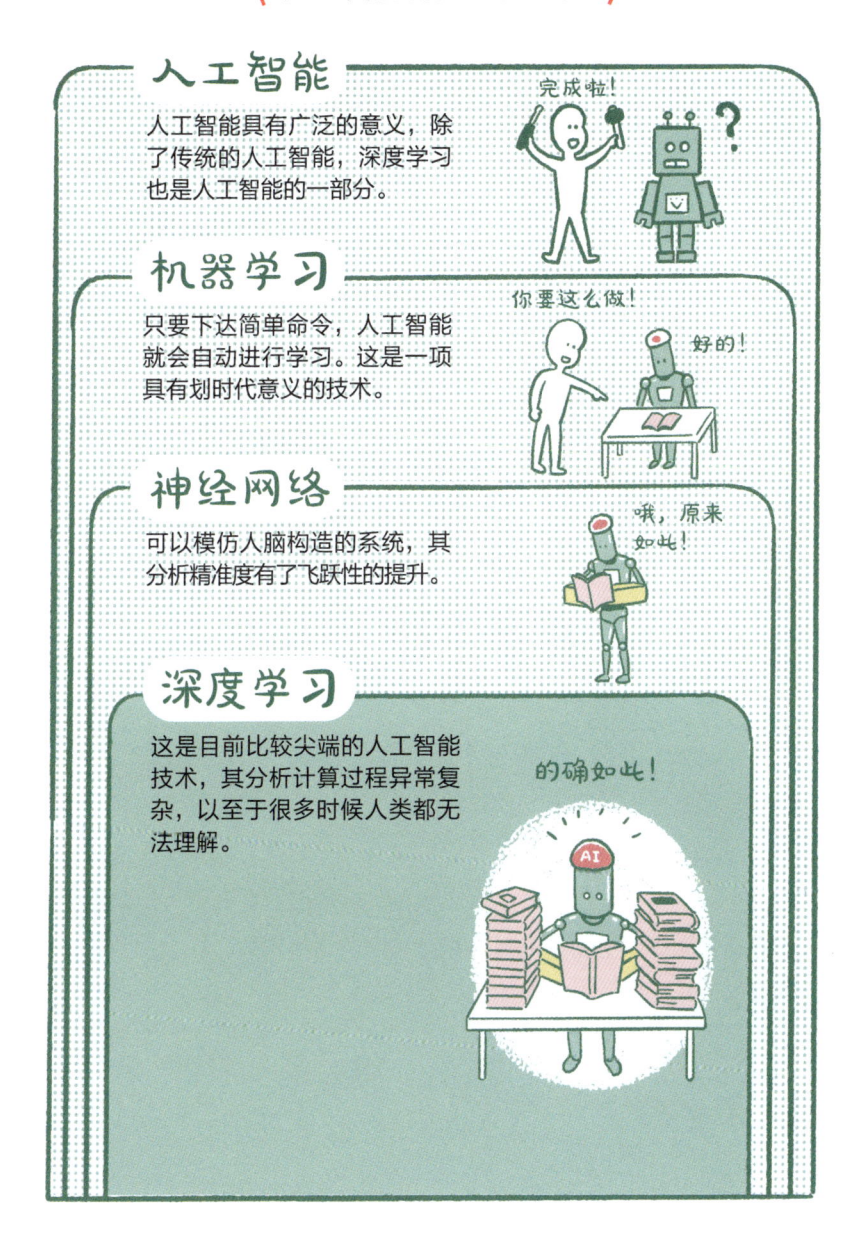

人工智能

人工智能具有广泛的意义,除了传统的人工智能,深度学习也是人工智能的一部分。

机器学习

只要下达简单命令,人工智能就会自动进行学习。这是一项具有划时代意义的技术。

神经网络

可以模仿人脑构造的系统,其分析精度有了飞跃性的提升。

深度学习

这是目前比较尖端的人工智能技术,其分析计算过程异常复杂,以至于很多时候人类都无法理解。

超越人类智慧的深度学习

深度学习是指在拥有大量数据的情况下，即使人类没有下达命令，人工智能也能自动地找出隐藏在数据中的细微规律并进行判断和推测。随着深度学习这项技术的诞生，人工智能能够进行人类无法做到的高精准度数据分析。如今，深度学习技术在人工智能领域尤其引人注目。

看似相似实则不同的人工智能与统计学

统计学和人工智能有一个相同点，那就是通过数值方法来分析数据并得出答案。那么统计学和人工智能的区别是什么呢？最大的不同在于，**统计学基本上是将数据作为一个模型来进行分析的**。如第二章中所描述的那样，数据会被视为正态分布，然后通过数学方式进行平均值和方差计算等。如果计算过程中的数据和模型之间存在数字差，那么就可以认为这是不同于正态分布的模型并对其进行修正。因此，统计学更有利于掌握整体结构。

与此相对，人工智能尤其是深度学习通常不会建立像统计学中的数据分布一样的模型，而且由于其分析过程过于复杂，其操作方法大多是不可示人的。**虽然人工智能能够以极高的精准度分析数据，但我们很难把握数据的整体结构。**这可以说是它与统计学的不同之处。

统计学与人工智能的巨大差异

统计学 统计学的特点是将数据作为一个模型并从该模型出发进行分析。它有利于把握数据整体的结构。

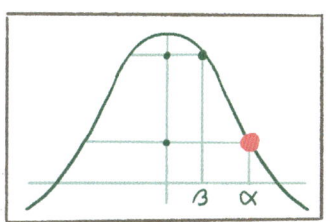

这一定是正态分布！

也就是说，那里是 α！

人工智能 人工智能的分析内容复杂难懂，且分析过程大多不可轻易示人。

人工智能和统计学所需的数据量不同

另一个区别是分析所需数据量的不同。作为机器学习中最新类型的深度学习，需要大量的数据来展开分析。与此相对，统计学的方法是从总体中提取部分数据并进行分析，这意味着可以用比深度学习更少的数据来进行有效分析。

便于理解的统计学分析和难以理解的人工智能分析

由于人工智能和统计学的特点不同，因此在实际应用中也会出现各有适合和不适合的状况。例如，在企业经营或商务会谈过程中如果必须向对方解释通过数据解析得出的判断时，统计学方法似乎更加有效。因为人工智能的分析过程很难解释，所以我们只能了解到根据数据得出的答案。**统计学能够对数据进行建模并把握整体结构，因此它适用于通过分析数据来解释判断的场合**。实际上，金融产品中也包含了一些人工智能推荐的股票等，但在股价下跌的情况下又很难解释为什么没有推荐成功。因此，在需要通过数据分析进行判断和解释的时候，人们倾向于运用统计学知识。

相反，**在无须进行分析解释的情况下，人们会大量地应用人工智能**。例如，优化互联网广告不需要任何理由，只需要了解最有效的方法即可。除此之外，人工智能还可以有效地应用于信用卡防诈骗检测和交通拥堵预测等领域之中。

第四章 尖端的信息技术和统计学

统计学与人工智能应用场景的不同

统计学 在商务谈判中如果需要向对方进行解释，那么利用统计学进行分析是非常有效果的。

人工智能 在单纯只需要分析结果的情况下，人工智能的分析精准度更高。

统计学的未来

4 未来的统计学与**其他领域的融合**将成为重要趋势！

似是而非的统计学与人工智能

如上一节所述,统计学和人工智能的应用场合虽然不同,但有许多相似之处。时至今日,人们仍然会从理论和其他角度来对两者的区别进行争论。尽管两者有重叠部分,却没有明确分工。因此,人们总是倾向于分别对两者进行研究,这种现象不仅仅局限于日本,而且也是世界范围内的整体趋势。这并非是内容上的问题,而是与两者的研究环境有关。

全球范围内的统计学家和人工智能工程师是分开的

在大学中,统计学属于理学专业,而人工智能则属于工学专业。当然,理学专业和工学专业都设有教授基础统计学和人工智能的课程,但是在攻读硕士乃至博士学位阶段,**理学专业的学生多专攻统计学,而工学专业的学生多专攻人工智能。**如果他们之后从事与数据相关的工作之时,学习统计学的研究人员就会通过统计学进行分析,而学习人工智能的工程师则会通过人工智能进行分析。由于两者之间的交集并不多,所以**统计学和人工智能的研究人员分属不同的领域并在很多情况下是分开进行研究的。**

统计学和人工智能的研究环境

统计学＝理学专业

明明共同合作会更好……

人工智能＝工学专业

统计学与人工智能的结合将开创新的研究领域

目前，人工智能在各行各业都在显示自身的重要性，并且在未来社会中会变得更加重要。然而，由于在数据分析中有许多分析内容是难以理解的，因此它绝对不能称得上是万能的。比如在围棋领域内，深度学习技术已经使得人工智能发展到世界顶尖棋手都无法战胜的水平。就人工智能的进步而言，这是一个了不起的成绩。然而，由于人类很难理解人工智能的下棋路数，这并不意味着人类对围棋有了更深的理解。而统计学是将数据视为某种模型进行分析的，因此它能够把握数据结构并对其结果进行解释。换言之，**统计学对于从根本上理解某种现象是必不可少的**。

与其他领域的融合将开创统计学的新研究

正如前文所述，人们将统计学和人工智能视为两个不同领域来分别进行研究。反过来说，几乎不存在同时精通统计学和人工智能的研究者。因此，我们现在需要的是**能够根据研究目标在统计学和人工智能知识之间实现自由切换并填补两者之间鸿沟的研究者**。另外，统计学与人工智能的结合也有可能在将来成为新的研究课题。统计学并非是单一的知识，而是通过与其他领域的融合而得以进一步发展的。

第四章 尖端的信息技术和统计学

我们需要能够填补统计学和人工智能之间鸿沟的人才

将统计学与人工智能相结合!

专栏

5

统计学的发展历程和细致分类

自古以来就存在的统计思维方式

统计学的英文写法是statistics。这个词的语源与"国家（state）"和"状态（status）"相同，有一种说法认为统计学起源于国家为了收税和征兵而进行的人口普查。古埃及为了建造金字塔而进行调查，而罗马帝国也进行了有关人口和土地的普查（现在人口调查仍被称为"人口普查"）。

在日本的飞鸟时代也曾经进行了与稻田面积和家庭登记的相关调查，安土桃山时代的丰臣秀吉进行了户籍调查，而江户时代则进行人口调查等。综上所述，**统计学思想在很早以前就已经存在，只是当时还未形成系统的理论，也并没有被作为一门学问来看待。**

统计学作为一门学科诞生于英国

统计学成为一门学问，要追溯到17世纪的英国。当时的威廉·配第（William Petty）提出了一种叫作**"政治算术"的方法**来准确地评估社会情况和预测未来。虽然这种方法在此后逐渐衰落，但他被誉为"统计学之父"并开创了统计学潮流。普遍认为，第一次进行统计学分析，源于17世纪的伦敦。当时的伦敦盛行鼠疫，配第的朋友约翰·格兰特（John Grant）利用教会的死亡记录进行了统计分析。结果表明，婴儿期的死亡率较高且城市的死亡率高于乡村。这与传统的统计思维不同，它表明，对于**看似巧合的社会现象，人们可以通过定量观察来发现其中蕴含的规律**。

同一时期，因发现哈雷彗星而闻名的埃德蒙多·哈雷（Edmond Halley）也对死亡年龄进行了分析并发现有一定的规律。这个调查有助于人寿保险公司计算出合理的保费。

概率论与统计学的碰撞

与分析数据的流程不同，法国也诞生了一种**通过概率来分析统计现象的思维方式**。其核心人物是因"帕斯卡定律"而闻名的布莱兹·帕斯卡（Blaise Pascal）和因"费马大定理"而闻名的皮埃尔·德·费马（Pierre de Fermat）。两人通过往来书信交往来讨论如何通过概率论来判断某场比赛的胜败，于是统计学上的现象与概率相似且都是偶然造成的这一观点得以普及。

粗略的统计学分类

统计学在不断发展的过程中因分析方法的不同被分为以下几种类型。虽然不同的研究者所持有的思维并不相同，但统计学基本上被分为**"描述性统计学"**和**"数理统计学"**两大类。其中，数理统计又可分为**"推断统计学"**和**"多变量分析"**两类，而"推断统计"则包含了前文中所述的**"贝叶斯统计学"**和**"频率论"**。

〈统计学分类〉

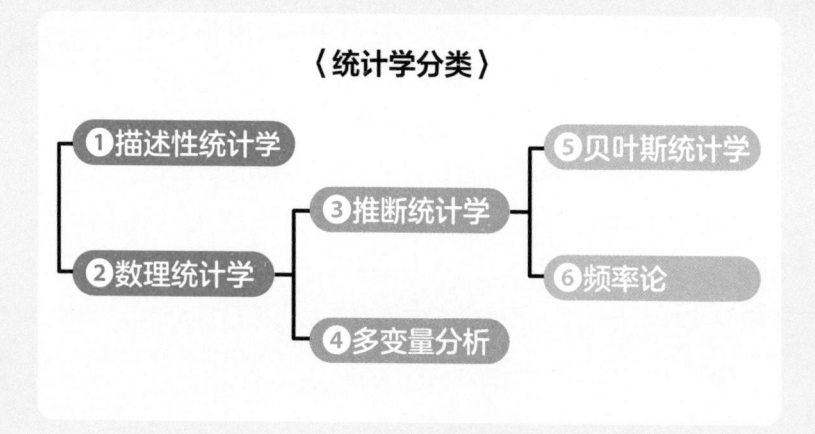

- ❶ 描述性统计学
- ❷ 数理统计学
- ❸ 推断统计学
- ❹ 多变量分析
- ❺ 贝叶斯统计学
- ❻ 频率论

统计学种类不同，处理对象和思维方式也就不同

首先，**描述性统计学是一种通过平均值和中位数等数值来总结并描述数据特征的方法**。另外，将数据制作成图表使其更加易于理解也是描述性统计学的方法之一。

除描述性统计学以外的领域被称为**数理统计学**，主要被分为推断统计学和多变量分析。其中，**推断统计学是一种从样本数据中推测总体特征的方法**。它与描述性统计学最大的不同在于，描述性统计学需要获得全部数据，而推断统计学则是从整体数据中提取一部分。换言之，**描述性统计学需要全部数据，而推断统计学则只需要部分数据作为样本，不一定需要所有的数据**。推测统计学中的这些思维方式被称为"频率论"并与贝叶斯统计学区分开来。

多变量分析是思考多个数据之间联系及其（产生）原因的方法。由于涉及大量的计算，所以在过去这种方法会消耗大量的人工成本，但是计算机的发展使这一切变得简单起来。它在市场营销等领域的数据分析中被灵活运用。

以上述方式发展起来的统计学，如今不仅被应用于理学和工学等领域，而且还在农业、医学、药学和经济学等领域内大显身手。

正态分布图

右边的橙色部分表示将整体设为1时,至某一点的面积(概率)。其中,最左侧的纵向表头表示数值保留小数点后一位,上方的横向表头表示数值保留小数点后两位。

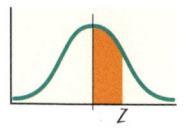

Z	0	0.01	0.02	0.03	0.04	0.05	0.06	0.07	0.08	0.09
0	0.000	0.004	0.008	0.012	0.016	0.020	0.024	0.028	0.032	0.036
0.1	0.040	0.044	0.048	0.052	0.056	0.060	0.064	0.068	0.071	0.075
0.2	0.079	0.083	0.087	0.091	0.095	0.099	0.103	0.106	0.110	0.114
0.3	0.118	0.122	0.126	0.129	0.133	0.137	0.141	0.144	0.148	0.152
0.4	0.155	0.159	0.163	0.166	0.170	0.174	0.177	0.181	0.184	0.188
0.5	0.192	0.195	0.199	0.202	0.205	0.209	0.212	0.216	0.219	0.222
0.6	0.226	0.229	0.232	0.236	0.239	0.242	0.245	0.249	0.252	0.255
0.7	0.258	0.261	0.264	0.267	0.270	0.273	0.276	0.279	0.282	0.285
0.8	0.288	0.291	0.294	0.297	0.300	0.302	0.305	0.308	0.311	0.313
0.9	0.316	0.319	0.321	0.324	0.326	0.329	0.332	0.334	0.337	0.339
1.0	0.341	0.344	0.346	0.349	0.351	0.353	0.355	0.358	0.360	0.362
1.1	0.364	0.367	0.369	0.371	0.373	0.375	0.377	0.379	0.381	0.383
1.2	0.385	0.387	0.389	0.391	0.393	0.394	0.396	0.398	0.400	0.402
1.3	0.403	0.405	0.407	0.408	0.410	0.412	0.413	0.415	0.416	0.418
1.4	0.419	0.421	0.422	0.424	0.425	0.427	0.428	0.429	0.431	0.432
1.5	0.433	0.435	0.436	0.437	0.438	0.439	0.441	0.442	0.443	0.444
1.6	0.445	0.446	0.447	0.448	0.450	0.451	0.452	0.453	0.454	0.455
1.7	0.455	0.456	0.457	0.458	0.459	0.460	0.461	0.462	0.463	0.463
1.8	0.464	0.465	0.466	0.466	0.467	0.468	0.469	0.469	0.470	0.471
1.9	0.471	0.472	0.473	0.473	0.474	0.474	0.475	0.476	0.476	0.477
2.0	0.477	0.478	0.478	0.479	0.479	0.480	0.480	0.481	0.481	0.482
2.1	0.482	0.483	0.483	0.483	0.484	0.484	0.485	0.485	0.485	0.486
2.2	0.486	0.486	0.487	0.487	0.488	0.488	0.488	0.488	0.489	0.489
2.3	0.489	0.490	0.490	0.490	0.490	0.491	0.491	0.491	0.491	0.492
2.4	0.492	0.492	0.492	0.493	0.493	0.493	0.493	0.493	0.493	0.494
2.5	0.494	0.494	0.494	0.494	0.495	0.495	0.495	0.495	0.495	0.495
2.6	0.495	0.496	0.496	0.496	0.496	0.496	0.496	0.496	0.496	0.496
2.7	0.497	0.497	0.497	0.497	0.497	0.497	0.497	0.497	0.497	0.497
2.8	0.497	0.498	0.498	0.498	0.498	0.498	0.498	0.498	0.498	0.498
2.9	0.498	0.498	0.498	0.498	0.498	0.498	0.499	0.499	0.499	0.499
3.0	0.499	0.499	0.499	0.499	0.499	0.499	0.499	0.499	0.499	0.499
3.1	0.499	0.499	0.499	0.499	0.499	0.499	0.499	0.499	0.499	0.499
3.2	0.499	0.499	0.499	0.499	0.499	0.499	0.499	0.500	0.500	0.500
3.3	0.500	0.500	0.500	0.500	0.500	0.500	0.500	0.500	0.500	0.500

正态分布图
（上侧概率）

右边的橙色部分表示表示从某一点出发到右侧的面积（概率）。其中，最左侧的纵向表头表示数值保留小数点后一位，上的横向表头表示数值保留小数点后两位。

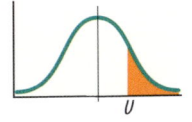

U	0	0.01	0.02	0.03	0.04	0.05	0.06	0.07	0.08	0.09
0	0.500	0.496	0.492	0.488	0.484	0.480	0.476	0.472	0.468	0.464
0.1	0.460	0.456	0.452	0.448	0.444	0.440	0.436	0.433	0.429	0.425
0.2	0.421	0.417	0.413	0.409	0.405	0.401	0.397	0.394	0.390	0.386
0.3	0.382	0.378	0.374	0.371	0.367	0.363	0.359	0.356	0.352	0.348
0.4	0.345	0.341	0.337	0.334	0.330	0.326	0.323	0.319	0.316	0.312
0.5	0.309	0.305	0.302	0.298	0.295	0.291	0.288	0.284	0.281	0.278
0.6	0.274	0.271	0.268	0.264	0.261	0.258	0.255	0.251	0.248	0.245
0.7	0.242	0.239	0.236	0.233	0.230	0.227	0.224	0.221	0.218	0.215
0.8	0.212	0.209	0.206	0.203	0.200	0.198	0.195	0.192	0.189	0.187
0.9	0.184	0.181	0.179	0.176	0.174	0.171	0.169	0.166	0.164	0.161
1.0	0.159	0.156	0.154	0.152	0.149	0.147	0.145	0.142	0.140	0.138
1.1	0.136	0.134	0.131	0.129	0.127	0.125	0.123	0.121	0.119	0.117
1.2	0.115	0.113	0.111	0.109	0.107	0.106	0.104	0.102	0.100	0.099
1.3	0.097	0.095	0.093	0.092	0.090	0.089	0.087	0.085	0.084	0.082
1.4	0.081	0.079	0.078	0.076	0.075	0.074	0.072	0.071	0.069	0.068
1.5	0.067	0.066	0.064	0.063	0.062	0.061	0.059	0.058	0.057	0.056
1.6	0.055	0.054	0.053	0.052	0.051	0.049	0.048	0.047	0.046	0.046
1.7	0.045	0.044	0.043	0.042	0.041	0.040	0.039	0.038	0.038	0.037
1.8	0.036	0.035	0.034	0.034	0.033	0.032	0.031	0.031	0.030	0.029
1.9	0.029	0.028	0.027	0.027	0.026	0.026	0.025	0.024	0.024	0.023
2.0	0.023	0.022	0.022	0.021	0.021	0.020	0.020	0.019	0.019	0.018
2.1	0.018	0.017	0.017	0.017	0.016	0.016	0.015	0.015	0.015	0.014
2.2	0.014	0.014	0.013	0.013	0.013	0.012	0.012	0.012	0.011	0.011
2.3	0.011	0.010	0.010	0.010	0.010	0.009	0.009	0.009	0.009	0.008
2.4	0.008	0.008	0.008	0.008	0.007	0.007	0.007	0.007	0.007	0.006
2.5	0.006	0.006	0.006	0.006	0.006	0.005	0.005	0.005	0.005	0.005
2.6	0.005	0.005	0.004	0.004	0.004	0.004	0.004	0.004	0.004	0.004
2.7	0.003	0.003	0.003	0.003	0.003	0.003	0.003	0.003	0.003	0.003
2.8	0.003	0.002	0.002	0.002	0.002	0.002	0.002	0.002	0.002	0.002
2.9	0.002	0.002	0.002	0.002	0.002	0.002	0.002	0.001	0.001	0.001
3.0	0.001	0.001	0.001	0.001	0.001	0.001	0.001	0.001	0.001	0.001
3.1	0.001	0.001	0.001	0.001	0.001	0.001	0.001	0.001	0.001	0.001
3.2	0.001	0.001	0.001	0.001	0.001	0.001	0.001	0.001	0.001	0.001
3.3	0.000	0.000	0.000	0.000	0.000	0.000	0.000	0.000	0.000	0.000

后　记

通过身边的数字
来进行统计分析吧！

在本书的前言部分，我介绍了将棋的"七局定胜负"。所谓"七局定胜负"是指先取得四胜的一方即宣告胜出的规则。在此，我们假设藤井棋圣和木村王位的实力相当。换言之，藤井棋圣的获胜概率和失败概率均为0.5。由此可以计算出藤井棋圣在"七局定胜负"中获胜的概率如下。

四胜零负的概率 0.062 5 = $\dfrac{2}{32}$

四胜一负的概率 0.125 = $\dfrac{4}{32}$

四胜两负的概率 0.156 25 = $\dfrac{5}{32}$

四胜三负的概率 0.156 25 = $\dfrac{5}{32}$

有趣的是，在双方实力相当的情况下，四胜三负的概率并非最大概率且与四胜两负的概率相同。另外，可能有人还会注意到这四种概率的总和不是1而是0.5。

在涉及统计的问题上，我们往往需要处理大量的数据。在以"七局定胜负"为代表的"$2n+1$局定胜负"这种情况下获胜的概率是怎样的呢？（因为在"$2n$局定胜负"的情况下可能会出现平局，所以我们将局数设为奇数$2n+1$。另外，当局数为7时，n为3）。另外，当n无限变大的时候，我们该如何把握呢？为了处理这些问题，我们还需要学习更多关于概率的知识并在此过程中发现更多有趣的关系。

接下来具体分析一下"$2n+1$"的情况，并假设此时的$n=1$，2，3……

首先，通过计算可知"$n+1$胜$n-1$负的概率"与"$2n+1$"局的"$n+1$胜n负的概率"实际上是相同的。这的确令人感到惊讶。换言之，"七局定胜负"的有趣结果并非是其所独有的性质，而是任何"$2n+1$局定胜负"可以出现的结果。

接着，我们在不断扩大n的同时继续调整"$n+1$胜0负的概率""$n+1$胜0负的概率""$n+1$胜1负的概率""$n+1$胜2负的概率"……"$n+1$胜$n-1$负的概率"和"$n+1$胜n负的概率"的概率分布图。如此一来，分布样态就会从平均值为0且标准差为1的正态分布原点向左半部分收缩。

在学习概率论的过程中，我们不仅可以自主地推导出这些结果，而且还能够利用这些结果来分析统计数据。

想必大家从上述"七局定胜负"的简单例子中能够通过学习统计学以及与之相关的概率学来理解并把握这两门学科各自的实际应用方向和可能性。

最后，我衷心地希望这本书能够为您提供进一步学习的机会。

Original Japanese title: SAKUTTOWAKARU BUSINESS KYOYO TOKEIGAKU.
Copyright © SHINSEI Publishing Co., Ltd. 2021.
Original Japanese edition published by SHINSEI Publishing Co., Ltd.
Simplified Chinese translation rights arranged with SHINSEI Publishing Co., Ltd.
through The English Agency (Japan) Ltd. and Shanghai To-Asia Culture Co., Ltd.

北京市版权局著作权合同登记 图字：01-2022-1853。

图书在版编目（CIP）数据

图解统计学 /（日）今野纪雄编著 ; 刘江宁译 . —
北京：中国科学技术出版社，2022.10
ISBN 978-7-5046-9763-9

Ⅰ. ①图… Ⅱ. ①今… ②刘… Ⅲ. ①统计学—图解
Ⅳ. ①C8-64

中国版本图书馆 CIP 数据核字（2022）第 143284 号

策划编辑	杜凡如　褚福祎
责任编辑	杜凡如
封面设计	马筱琨
版式设计	锋尚设计
责任校对	张晓莉
责任印制	李晓霖

出　　版	中国科学技术出版社
发　　行	中国科学技术出版社有限公司发行部
地　　址	北京市海淀区中关村南大街 16 号
邮　　编	100081
发行电话	010-62173865
传　　真	010-62173081
网　　址	http://www.cspbooks.com.cn

开　　本	880mm×1230mm　1/32
字　　数	112 千字
印　　张	5
版　　次	2022 年 10 月第 1 版
印　　次	2022 年 10 月第 1 次印刷
印　　刷	北京盛通印刷股份有限公司
书　　号	ISBN 978-7-5046-9763-9 / C·211
定　　价	59.00 元

（凡购买本社图书，如有缺页、倒页、脱页者，本社发行部负责调换）